AF571054

Über die Autorin

Geboren 1971, erlangte Cornelia Dürkhauser 1996 die Approbation als Ärztin. 2002 folgte die Facharztanerkennung im Fach Anästhesiologie. Von Kindheit an interessierte sie sich für fremde Kulturen, insbesondere für Ethnologie Südostasiens, und bereits im Studium engagierte sie sich für Waisenkinder in aller Welt. Von 2002 bis 2007 leitete sie den Aufbau eines Krankenhauses in Kambodscha. Seit 2015 arbeitet sie ehrenamtlich mit Geflüchteten und erlangte 2016 die Zusatzqualifikation „Interkulturelle Kompetenz im Gesundheitswesen“. Die Autorin ist Mutter eines Kindes und angestellt an einer Klinik der Grund- und Regelversorgung in Sachsen.

Wichtig:

Alle Namen sind geändert. Sollten Namensgleichheiten oder -ähnlichkeiten zu real existierenden Personen auftreten, so sind diese zufällig, unbeabsichtigt und stehen in keinem Bezug zum Inhalt dieses Buches. Auf Orts- und Straßenangaben wurde ganz bewusst weitgehend verzichtet. Sofern diese jedoch zwingend nötig sind, wurden auch sie geändert. Die Details der geschilderten Fälle sind so bearbeitet, dass ein Rückschluss auf die tatsächliche Person nicht möglich ist. Der besseren Lesbarkeit halber wird im gesamten Buch, unabhängig von deren Status, von „Flüchtlingen“ gesprochen.

Cornelia Dürkhauser

„Der Himmel ist hier anders blau ...“

Erfahrungen einer Ärztin in der Flüchtlingshilfe

Bibliografische Information der Deutschen Nationalbibliothek: Die Deutsche Nationalbibliothek verzeichnet diese Publikation in der Deutschen Nationalbibliografie; detaillierte bibliografische Daten sind im Internet über dnb.dnb.de abrufbar.

Herstellung und Verlag:
BoD – Books on Demand, Norderstedt

ISBN: 9783752848755

„Eigentlich sollte man einen Menschen nicht bemitleiden, besser ist es, ihm zu helfen."
(Maxim Gorki)

Für Alexander

Inhaltsverzeichnis

1 – Helfen Sie mir, so helfen Sie mir doch! 9

2 – Faris 15

3 – Intensivstation 19

4 – Handlungsbedarf 29

5 – Anfeindungen 34

6 – Im Hotel 40

7 – Gegen Windmühlen 47

8 – Rückfall 50

9 – Hunger 56

10 – Angst und Ungewissheit 61

11 – Du lügst! 76

12 – Klopfen Sie einmal und warten Sie dann ... 81

13 – Hausbesuche 90

14 – Polizeieinsatz vor der Arztpraxis 92

15 – Exkurs: Das Fremde und die Angst 95

16 – Panik 98

17 – Zuspitzung 103

18 – Ambulanz 107

19 – Sprechstundenalltag 112

20 – Sprechstunde ohne Sprache? 116

21 – Sozialarbeit 121

22 – Das Gutachten 127

23 – Willkür 135

24 – 137 und ein Baby 139

25 – Auf der Straße 143

26 – Funkstille 147

27 – Die Impfstoffposse 154
28 – Schokolade 157
29 – Walid...160
30 – Rosen im Januar 165
31 – Exkurs: Unser Selbstverständnis und die Erwartung der anderen....................................168
32 – Die Krise 174
33 – Der kleine Unterschied................................177
34 – Die Wasserflasche 181
35 – Spezifische Probleme von Flüchtlingen...183
35 – Selber schuld!...189
36 – Wiederannäherung 196
37 – Überraschendes Ende 203
38 – Women only!...206
39 – Zala..211
40 – Abschied für immer 214
41 – Rückblick und Ausblick 219
42 – Eine ganz persönliche Bilanz.....................222
Zitate...226
Danksagung 231
Glossar 233

1 – Helfen Sie mir, so helfen Sie mir doch!

Ein verwirrter, hilfloser Mann wird an einem späten Maiabend auf einer Wiese liegend aufgefunden und per Rettungswagen ins Krankenhaus gebracht. Er ist nicht in der Lage, seinen Namen zu nennen, wirkt abwesend-ängstlich und lässt niemanden an sich heran. Jeder verbale oder körperliche Kontaktversuch wird heftig abgewehrt. Er hat 1,6 Promille Alkohol im Blut, der Drogentest ist negativ, alle anderen Befunde sind ebenfalls in Ordnung. Auffällig ist, dass dem Patienten an beiden Händen Finger fehlen. Unter der Diagnose „Alkoholvergiftung" wird er zum Ausschlafen auf die Wachstation gelegt.

Am nächsten Morgen ist der Mann wach, wieder voll orientiert und kooperativ. Er nennt seinen Namen und sein Geburtsdatum. Er erklärt, woher er kommt und dass er hier einen Asylantrag gestellt hat.

Herr Rahimi wirkt ruhig und gefasst, als er mir gegenüber sitzt, lässt sich bereitwillig untersuchen und beantwortet alle Fragen prompt. Er selbst fragt mehrfach nach, was ihm passiert sei und wie er ins Krankenhaus gekommen ist. Er vermeidet es jedoch, mich direkt anzusehen.

Herr Rahimi spricht gut Englisch, ein ganz normales Arzt-Patienten-Gespräch:

„Hatten Sie schon einmal irgendwelche Operationen?"

„Nein."

„Noch nie?"

„Nein, noch nie."

„Waren Sie schon einmal in einem Krankenhaus, oder hatten Sie sonst irgendeine medizinische Behandlung? Oder Unfälle? Verletzungen?"

„Nein, ich war noch nie in einem Krankehaus und auch sonst noch nie krank."

„Auch keine Unfälle oder Verletzungen?"

„Nein, keine."

Es fehlen aber Finger an beiden Händen. Irgendwie müssen die ja amputiert worden sein? Ich habe den Eindruck, dass Herr Rahimi mich sehr gut versteht. Sprachliche Missverständnisse schließe ich deshalb aus.

„Also ..., Sie waren noch nie in medizinischer Behandlung und hatten auch noch keine Operationen oder so ...?"

„Nein."

„Aber ..., was ist denn dann mit Ihren Händen passiert?"

Herr Rahimi ringt um Luft, springt plötzlich auf, zwingt sich mit Mühe zurück auf seinen Stuhl, schlägt die fingerlosen Hände vor sein Gesicht, aber kann seine Tränen nicht verbergen. Ich bin irritiert und möchte mich entschuldigen, möchte ihm sagen, dass er meine Fragen nicht beantworten muss, aber er kommt mir zuvor.

Leise, flüsternd:

„Ich wurde gefoltert, meine Finger wurden mir im Gefängnis abgeschnitten!"

Dabei schaut er mir mit gehetzten Augen voller Panik direkt ins Gesicht. Mit Augen, aus denen das blanke Entsetzen und die nackte Angst sprechen. Solch eine Antwort, solch eine Möglichkeit lag bis jetzt eben jenseits meiner Vorstellungskraft.

„Das tut mir sehr leid, Herr Rahimi! Ich wollte Sie nicht verletzen. Bitte entschuldigen Sie meine Frage ..."

Sein gequältes Gesicht ist noch immer auf mich gerichtet.

„Ich habe gestern Abend zum ersten Mal in meinem Leben eine Flasche Bier getrunken. Ich wollte vergessen ..."

Und weiter, laut schluchzend, fleht er mich an:

„Helfen Sie mir! So helfen Sie mir doch!!! Bitte helfen Sie mir!"

Ich bin tief betroffen. Ich *muss* ihm helfen, ich *kann* ihm gar keine andere Antwort geben.

„Ja, ich werde Ihnen helfen."

Aber ich habe keine Ahnung, wie ich ihm helfen soll. Ich habe das Gefühl, dass sich alles um mich dreht. Helfen! Unbedingt! Der Mann wurde gefoltert. Er braucht Hilfe, dringend. Nur wie? Ich weiß es nicht. Ich führe drei, vier Telefonate, alle laufen ins Leere, keiner fühlt sich zuständig, jeder zuckt die Schultern. Auch der Klinikpsychologe. Niemand hatte schon einmal so einen Fall, keiner weiß, was zu tun ist, an wen man sich wenden kann. Ich habe auch keine Idee. Ich bin alleine auf der Station und habe mich noch um zwanzig andere Patienten zu kümmern. Aber ich muss ihm helfen. Es ist meine Pflicht. Und ich habe es ihm versprochen. Wie? Ich weiß es nicht.

Am Nachmittag des gleichen Tages entlasse ich Herrn Rahimi. Muss ihn entlassen, weil es keine Indikation mehr für einen stationären Aufenthalt gibt – seine Alkoholvergiftung hat er überwunden. Ich entlasse ihn in die Wohnung, die er sich mit drei anderen Asylbewerbern unterschiedlicher Nationalitäten und Sprachen teilt und unter denen es ständig Spannungen gibt. Entlasse ihn ins Nichts, denn eine Behandlung steht ihm, der sich noch im laufenden Verfahren befindet, offiziell gar nicht zu. Entlasse ihn mit dem Versprechen, ihm zu helfen – aber ohne einen blassen Schimmer, wie ich das machen soll.

Er ist wieder zurückhaltend, ruhig und gefasst und vermeidet es, mich direkt anzuschauen.

Nun folgt für mich eine Woche intensiver Recherchen, zahlreicher Telefonate, diffuser Verweise, schroffer Ablehnungen, resignierten Armehebens. Jede freie Minute verbringe ich damit, irgendeine Art von Hilfe für Herrn Rahimi zu organisieren. Ich muss, denn ich habe es ihm schließlich versprochen.

Letztlich finde ich beim Medinetz[1] der nächstgelegenen Großstadt Verständnis und offene Ohren. Im Einzelfall ist man gern bereit, Menschen aus dem Umland mit zu versorgen, aber im großen Stil ist man dazu leider nicht in der Lage, da man innerhalb der Stadt schon an seine Grenzen stößt. Deswegen bittet man mich, keine Werbung zu machen und möglichst nicht zu viele Patienten zu schicken. Ich sichere das zu und vereinbare einen Termin für Herrn Rahimi zur Erstvorstellung.

Voller Freude, endlich etwas erreicht zu haben, schaue ich am nächsten Morgen in der Krankenakte nach Herrn Rahimis Telefonnummer. Ernüchtert stelle ich fest, dass keine hinterlegt ist. Nur die Anschrift steht dort, die Adresse befindet sich unweit des Krankenhauses. Also werde ich nach Feierabend diese Adresse aufsuchen. Vorsichtshalber formuliere noch ich einen Brief, in dem ich mich zu erkennen gebe, alles erkläre und Herrn Rahimi um einen Rückruf bitte.

Ich finde den Namen, neben drei anderen, an einer Klingel und auch an einem Briefkasten. Ich drücke auf den Klingelknopf. Mir öffnet niemand. Auch beim zweiten Mal. Ich gehe einmal um den Block und auch über die Wiese, auf der Herr Rahimi gefunden wurde. Als ich wieder vor der Haustür stehe, klingle ich noch einmal. Wieder vergeblich. Also werfe ich den Brief in den Schlitz. Meine Bitte um Rückruf bleibt unbeantwortet. Ich höre nichts mehr von Herrn Rahimi.

Sechs turbulente Wochen vergehen. Eines Tages klingelt mein Telefon, nur zwei, drei Mal. Ich bin gerade im Auto und kann nicht schnell genug abheben. Irgendwie ahne ich, dass es etwas Dringendes sein könnte, und halte deshalb an. Eine unbekannte Handynummer wird angezeigt.

„Dürkhauser hier, guten Tag, Sie haben mich gerade angerufen?“

Keine Antwort.

„Hallo? ...“

„Hallo ... Könnten Sie bitte Englisch sprechen?“

Ich habe keine Ahnung, wer das sein könnte.

„Ja, gern, natürlich können wir Englisch sprechen. Was kann ich denn für Sie tun?“

„Ich bin Rahimi, erinnern Sie sich an mich? Ich war im Krankenhaus, und Sie haben mir einen Brief geschrieben ...“

Ich bin perplex! Selbstverständlich erinnere ich mich an Herrn Rahimi. Ich habe nicht mehr damit gerechnet, dass er sich meldet.

„Ich war da bei diesem Termin in der Rilkestraße ...“

„Wirklich? Das ist gut!“

„Und ab September habe ich einen Therapieplatz in der Traumaambulanz in der Uniklinik.“

Das habe ich nicht zu träumen gewagt. Ich freue mich riesig!

„Ich wollte mich nur bei Ihnen bedanken, dass Sie mir geholfen haben ... Wenn ich ... vielleicht später noch mal irgendein Problem habe ... Kann ich Sie dann noch einmal anrufen?“

„Ja, selbstverständlich können Sie das!“

Heute geht es mir richtig gut! Dieses Erlebnis war der Schlüssel und meine Motivation zu all dem, was in den nächsten Jahren noch folgen sollte.

2 – Faris

Nur wenige Tage nach Herrn Rahimi wird Faris in die Klinik eingeliefert. Dass ich ihn mehr zwei Jahre lang begleiten würde, das ahnte ich damals noch nicht.

Faris ist fünfundzwanzig Jahre alt, Muslim und stammt aus einem Land mit einer ausgeprägt kollektivistischen Kultur[2]. Er machte sein Abitur in Großbritannien und begann dort auch ein Studium, musste jedoch nach zwei Jahren in sein Heimatland zurückkehren, weil sein Vater es so bestimmte. Er arbeitete dort bis zu seiner Flucht nach Deutschland ohne Berufs- oder Studienabschluss im Elektrogeschäft eines Onkels. Faris hat eine große Familie, zu der er ein enges Verhältnis hat, insbesondere zu beiden Eltern und den drei Geschwistern. Er spricht neben seiner Muttersprache fließend Englisch und ein wenig Arabisch.

Faris leidet seit seiner Jugend an Asthma; er hatte als Angehöriger einer bessergestellten Familie jedoch Zugang zum Gesundheitssystem seines Landes, wo seine Erkrankung behandelt wurde. Er hatte dadurch insgesamt nur wenige Beschwerden.

Faris betritt allein, ohne Angehörige oder Freunde, deutschen Boden und kommt bis zu seiner Registrierung als Asylsuchender in einem Zeltlager in Sachsen unter. Er ist zu dieser Zeit stark unterernährt und körperlich geschwächt.

Seine aus der Heimat mitgebrachten Asthmamittel sind aufgebraucht, er hat bereits seit einigen Wochen keine Medikamente mehr genommen.

Im Zeltlager verspürt er zunehmende Luftnot und bittet drei Tage in Folge verschiedene Mitarbeiter, wegen seiner Atembeschwerden einen Arzt konsultieren zu dürfen. Das wird ihm jedes Mal verwehrt: Solange er keine Schmerzen hätte, läge kein Notfall vor und demzufolge hätte er auch keinen Anspruch auf ärztliche Behandlung, basta! So entscheiden medizinische Laien, die die Situation in keiner Weise einschätzen können, darüber, ob jemand einen Arzt aufsuchen darf – und das sogar ganz legal.

Nach zwei Wochen im Zeltlager erfolgt Faris' Registrierung als Asylbewerber, am Folgetag wird er gemeinsam mit ca. dreihundert weiteren Personen mit Bussen in die etwa einhundert Kilometer entfernte Erstaufnahmeeinrichtung verlegt. Auf der Fahrt dorthin hat Faris erhebliche Atemprobleme, teilt dies jedoch niemandem mit. In der Erstaufnahme angekommen, ist er aufgrund der mittlerweile als unerträglich empfundenen Luftnot nicht zu körperlichen Aktivitäten fähig, sondern legt sich umgehend ins Bett. Er fragt nicht erneut nach einem Arzt, weil das nach seiner Überzeugung „ja sowieso keinen Sinn" gehabt hätte. Am Abend des Ankunftstages schleppt er sich mit allerletzter Kraft aus seinem Zimmer und bricht vor den Augen von Security-Mitarbeiten bewusstlos zusammen.

Der alarmierte Notarzt, der am weniger als zwei Kilometer entfernten Krankenhaus stationiert ist, braucht eine halbe Stunde, um vor Ort zu sein, weil sämtliche Zufahrten zur Erstaufnahmeeinrichtung von Demonstranten, die ausländerfeindliche Parolen grölen, versperrt sind, und weil die völlig überforderte Polizei es nicht schafft, eine Rettungsgasse zu schaffen. Rettungs- und Notarztwagen werden überdies mit Steinen und Flaschen beworfen. Um den mühsam geschaffenen Zugangsweg für den schnellstmöglichen Transport in die Klinik nutzen zu können, bevor er sich wieder schloss, halten sich die Rettungskräfte vor Ort nur kurz auf. Der nach wie vor bewusstlose Faris wird lediglich minimal versorgt und so schnell es die Situation erlaubt in die Klinik befördert.

In der Notaufnahme, die er letztlich etwa fünfundvierzig Minuten nach seinem Zusammenbruch erreicht, erleidet er einen durch Sauerstoffmangel bedingten Krampfanfall und unter diesem einen Atem- und Herzstillstand. Die Wiederbelebung war erfolgreich, und Faris wurde nach diversen Untersuchungen, die alle ohne Befund blieben (unter anderem Schädel-CT, Alkohol- und Drogentest) künstlich beatmet auf meine Intensivstation (ITS) übernommen. Es dauert viele Stunden, bis sein Zustand stabilisiert werden kann. Meine Kollegen kämpfen um sein Leben. Es kommt zu verschiedenen Komplikationen, unter anderem zu einem schweren allergischen Schock auf eines der eingesetzten Medikamente mit einem erneuten Kreislaufzusammenbruch und zweiter Reanimation. Es ist völlig unklar, ob Faris überleben würde und wenn ja, in welchem Zustand – zu befürchten ist eine schwere und dauerhafte Schädigung seines Gehirns.

3 – Intensivstation

Die Intensivstation ist voll belegt, als ich nach einigen freien Tagen am Morgen den Dienst übernehme. Ich erfahre in der Übergabevisite die Besonderheiten und Therapiepläne eines jeden einzelnen Patienten, auch die des Faris Ashkani. Faris‘ Zustand ist nach nunmehr fünf Tagen stabil. Er befindet sich im Weaning, das heißt, er soll aus dem sogenannten „künstlichen Koma“ aufwachen um beurteilen zu können, ob die lange Phase des Sauerstoffmangels zu möglicherweise bleibenden Schäden geführt hat.

Die Aufwachphase verläuft wider Erwarten nach Plan. Den Beatmungsschlauch kann ich wenige Stunden nach meinem Dienstantritt entfernen. Aber Faris ist sehr unruhig, nicht orientiert und wirkt verstört. Ich rede mit ihm, doch er scheint mich nicht wahrzunehmen. Immer wieder fixiert er mich kurz mit weit aufgerissenen Augen, um dann wieder abzuschweifen und einzuschlafen.

Ohne seinen Hintergrund zu kennen, benutze ich die englische Sprache. Die Phasen, in denen er mich anschaut, werden länger, die der Unruhe kürzer, aber heftiger. Die betreuende Krankenschwester legt mir irgendwann ein Papier vor, das ich unterschreiben soll, um damit seine Fixierung, also das Festbinden der Hände und Füße am Bett, anzuordnen. Das verweigere ich und gehe stattdessen zu Faris ans Bett. Ich lege eine Hand auf die seine, die andere ihm auf die Stirn, und rede leise auf ihn ein. Faris beruhigt sich dadurch und schaut mich an. Der Hauch eines Lächelns scheint über sein Gesicht zu huschen.

„Schwester Sybille, der Patient braucht keine Fixierung, nur Zuwendung."

„Na, wenn Sie meinen ... Aber ich habe dafür keine Zeit!"

Ich eigentlich auch nicht. Die Intensivstation ist voll. Aber dieser eine Patient braucht eben gerade mehr Aufmerksamkeit. Zum Glück ist inzwischen meine Kollegin da, deren Dienst später beginnt. So bin ich nicht alleine für die Versorgung der vierzehn Schwerkranken verantwortlich.

Ich rede immer noch auf Faris ein:

„Verstehen Sie mich?"

Ein kaum wahrnehmbares Nicken.

„Wie heißen Sie?"

„Faris", versuchen seine Lippen zu formen.

„Sie sind im Krankenhaus. Ich bin die Ärztin hier und kümmere mich um Sie."

„Wo bin ich?"

„Im Krankenhaus."

„Wie komme ich hierher?"

„Der Rettungsdienst hat Sie hergebracht."

„Warum? Was ist mir passiert?"

„Sie hatten einen Asthmaanfall und sind bewusstlos geworden. Wie geht es Ihnen jetzt?"

„Gut."

Danach schläft er wieder ein und ich verlasse das Zimmer. Bisher sind keine schweren Defizite zu erkennen. Sollte Faris das alles wirklich folgenlos überstanden haben?

Wenig später ruft Schwester Sybille wütend aus Faris‘ Zimmer:

„Also, wenn Sie jetzt nicht anordnen, dass ich den festbinden darf, dann verweigere ich die Arbeit! Der ist mir jetzt fast aus dem Bett geflogen. ‚Doctor, doctor, where is the doctor?‘“, äfft sie Faris nach. „Jetzt kommt nicht schon wieder die Ärztin“, herrscht sie ihn an, „hier gibt es schließlich noch mehr Kranke! Was bildest du dir eigentlich ein? Du denkst wohl, du bist alleine hier?“

Natürlich kommt die Ärztin. Ich weise Schwester Sybille deutlich zurecht – solchen Umgang mit Patienten dulde ich grundsätzlich nicht!

„Wo bin ich, wie komme ich hierher, was ist mir passiert?“

„Sie sind im Krankenhaus, der Rettungswagen hat Sie hergebracht, sie hatten einen Asthmaanfall und sind deswegen bewusstlos geworden.“

Fragen und Antworten in Endlosschleife, Faris erfasst noch nicht, was ihm geschehen ist und in welcher Situation er sich befindet. Er hat Angst, seine Reaktionen wirken panisch. Wieder lege ich meine Hand auf seine. Der Körperkontakt beruhigt ihn. Er beginnt, mir zusammenhanglos und bruchstückhaft Erlebnisse aus dem Heimatland und von seiner Flucht zu erzählen, um sich danach wieder irritiert im Zimmer umzusehen:

„Wo bin ich?“, und direkt zu mir gewandt: „Bitte lassen Sie mich nicht allein!“

„Faris, Sie sind im Krankenhaus. Haben Sie keine Angst, Sie sind hier in Sicherheit. Ich kümmere mich um Sie. Ich komme gleich wieder. Hier sind noch mehr kranke Leute, die brauchen mich auch."

„Okay. Aber Sie kommen wieder?"

„Natürlich komme ich wieder."

Zwischendurch ruft der Leiter der Erstaufnahmeeinrichtung an und erkundigt sich nach Faris' Befinden. Er fragt, ob er vorbeikommen kann, um Faris zu besuchen, und ob ich Zeit für ein Gespräch hätte. Wenig später sitzt er an meinem Schreibtisch. Der Heimleiter ist verzweifelt. Innerhalb weniger Tage hat er vierhundert Menschen in seine Einrichtung zugewiesen bekommen, darunter schwangere Frauen, kleine Kinder, viele sind krank, aber er kann nicht einschätzen, für wen er welche Art von Hilfe organisieren muss. Tag für Tag und Nacht für Nacht kommt es zu ausländerfeindlichen Ausschreitungen vor dem Heim - nach wie vor sind alle Zufahrtsstraßen blockiert, und nach wie vor ist auch die Polizei völlig überfordert. Auch das Auftauchen von Mitgliedern der Landesregierung ändert daran nichts. Der Heimleiter bemüht sich, er arbeitet Tag und Nacht, er tut, was er kann, er schläft sogar im Heim, aber er ist völlig überfordert. Denn neben seiner Frau, die freiwillig mitarbeitet, gibt es niemanden, der hilft, der Lage Herr zu werden: keine Betreuer, keine Sozialarbeiter, zu dem Zeitpunkt auch noch keine Ehrenamtlichen. Und zu allem kam noch der bewusstlose Faris, der eine halbe Stunde lang so im Eingangsbereich lag. Diese emotionale Belastung ist zu viel für den Heimleiter – ihm kommen die Tränen. Muss denn erst noch Schlimmeres geschehen? Ich sichere dem Heimleiter zu, zumindest medizinisch zu helfen und ihn dabei zu unterstützen, die gesundheitlichen Probleme der Bewohner richtig einzuschätzen.

„Meine Sachen, wo sind meine Sachen? Ich brauche mein Telefon! Seit wann bin ich hier? Seit fünf Tagen? Oh mein Gott, ich brauche mein Telefon! Ich habe es tatsächlich geschafft, auf meiner ganzen Flucht jeden Tag meine Mutter anzurufen. Ich habe ihr gesagt, wenn ich mich drei Tage nicht melde, dann bin ich tot. Und nun sind es schon fünf! Ich brauche mein Telefon, ich muss unbedingt meine Mutter anrufen!"

Ich bitte den Heimleiter, ob er oder jemand anders nicht Faris' persönliche Sachen und vor allem sein Telefon bringen kann. Er will es versuchen, kann es aber nicht versprechen. Faris ist ohne Angehörige hier, der Heimleiter überlastet. Und der pöbelnde Mob tobt wieder, wie schon seit Tagen.

Ein schneller Kaffee nebenbei, für eine richtige Pause ist wieder einmal keine Zeit. Wir sitzen zusammen, die Stimmung ist gereizt. Wenige sagen nichts, die meisten bringen ihre ablehnende Haltung gegen Faris, den „exotischen" Patienten, offen zum Ausdruck:

„Mir kann keiner erzählen, dass es dem schlecht ging, dort wo der herkommt! So gut wie der Englisch kann, muss der doch in der Schule gewesen sein!“ Was hat Bildung mit Fluchtgründen zu tun? Seht ihr nicht, dass Faris erheblich unterernährt ist? Wie „gut“ muss es ihm gegangen sein, wenn er offensichtlich nicht einmal genug zu essen hatte?

„Na klar, Hauptsache telefonieren! Gerade aufgewacht und schon nach dem Telefon fragen. Sicher hat der das neueste Handymodell!“

Warum wird Faris nicht zugestanden, was man bei jedem deutschen Patienten für selbstverständlich hält – nämlich, sich bei seiner Familie zu melden? Wird umgekehrt Faris‘ Familie nicht zugestanden, sich um ihn Sorgen zu machen? Welche Mutter würde sich keine Sorgen um ihren Sohn machen, wenn sie nicht wüsste, wo er ist und wie es ihm geht?

Schwester Sybille äußert offen, dass sie froh wäre, wenn sie Faris nicht zu betreuen hätte. Meinen Vergleich zu ihren eigenen erwachsenen Kindern wiegelt sie ab.

Jetzt platzt mir der Kragen. Solche Äußerungen sind medizinischen Personals unwürdig! Ich erinnere Sybille und all die anderen an den Ethik-Kodex des internationalen Berufsverbandes der Pflegekräfte[3], in dem es heißt, dass Pflegende bei ihrer Berufsausübung Menschenrechte, Wertvorstellungen, Sitten, Gebräuche, Gewohnheiten und den Glauben des Einzelnen zu respektieren haben und mit in der Verantwortung stehen,

Maßnahmen zugunsten sozial und gesundheitlich Benachteiligter zu ergreifen bzw. zu veranlassen. Faris ist hier in dieser Situation benachteiligt! Augen rollen.

Ich bin entschlossen, das alles nicht hinzunehmen, weder die Situation im Heim, noch die auf der Station. Meine Kollegin Christiane, genannt Chrissi, die sich vorhin schon furchtbar über Schwester Sybille aufgeregt hat, sichert mir spontan ihre Unterstützung zu.

Ich gehe noch einmal zu Faris.

„Ich habe jetzt Feierabend und gehe nach Hause. Morgen Nachmittag bin ich wieder da. Die Kollegen können mich anrufen, wenn es nötig ist."

Faris reagiert völlig verzweifelt:

„Bitte! Bitte gehen Sie nicht! Bitte lassen Sie mich nicht allein ..."

„Ich komme wieder, ganz sicher! Ich muss jetzt gehen, mein Sohn wartet auf mich. Ich muss ihn aus der Schule abholen."

„Sie haben einen Sohn ...?"

„Ja."

„Das ist bestimmt der beste Sohn der Welt!"

„Und ob!", lache ich. „Aber Sie sind für Ihre Mutter auch der beste Sohn der Welt ... Haben Sie auch eine Frau und Kinder?"

„Nein, nur Eltern und Geschwister ... Wo ist mein Telefon?"

„Der Heimleiter wird versuchen, heute noch vorbeizukommen und Ihnen Ihr Telefon zu bringen. Bis morgen dann!"

„Und Sie kommen wirklich wieder? Sie vergessen mich nicht?“

„Nein, ich vergesse Sie nicht ...“

Im Spätdienst ist niemand, der Englisch kann. Man soll mich privat anrufen, wenn es Probleme gibt, meine Nummer steht auf dem Notfallalarmierungsplan, der für alle zugänglich aushängt. Ich sage das mehrfach.

Es kommt kein Anruf, weder vom Heimleiter, noch von der Station. Beruhigt bin ich dennoch nicht. Ich habe das Gefühl, dass irgendetwas nicht stimmt. Aber ich rede mir ein, dass alles in Ordnung ist. Normalerweise erzähle ich zu Hause nicht viel von der Arbeit, aber heute habe ich Redebedarf. Wir unterhalten uns lange über die Flüchtlingsproblematik.

„Mama, wie sieht der Flüchtling denn aus?“

„Wie ein Mensch, Felix ...“

Am nächsten Tag habe ich Spätdienst mit anschließender Nachtbereitschaft. Früh melde ich mich beim Heimleiter, um mich nach der aktuellen Lage zu erkundigen. Es war wieder ein unruhiger Abend, wieder eine schlimme Nacht, und es war keine Zeit gewesen, Faris‘ Sachen ins Krankenhaus zu bringen. Oh je. Ich ahne nichts Gutes. Ich rufe meinen Kollegen vom Frühdienst an und erfahre, dass es tatsächlich Probleme gibt. Faris droht wegzulaufen, er hat sich schon mehrfach alle Kabel entfernt, will unbedingt mit seiner Mutter telefonieren, schon der sechste Tag in Folge, an dem er sich nicht bei ihr gemeldet hat.

Und niemand des diensthabenden Personals spricht Englisch.

„Wo ist die Ärztin?“

Ich mache mich heute früher auf den Weg zur Arbeit und fahre in der Erstaufnahme vorbei. Zum ersten Mal betrete ich das ehemalige Hotel, in dem ich wenig später zu allen möglichen und unmöglichen Zeiten ein- und ausgehen sollte. Nur einige wenige Demonstranten stehen davor, meist kommt es in den Abend- und Nachtstunden zu großen Aufläufen. Ich werde von den Fenstern der umliegenden Plattenbauten aus beobachtet und angepöbelt. Im Heim selber herrscht rege Geschäftigkeit: Wäsche wird gewaschen, ein Staubsauger heult, es riecht nach Essen, auf den Gängen wuseln spielende Kinder, ein kleiner Kerl auf einem knallroten Plastikauto lacht mich herzerwärmend an. Das wirkt alles so normal, doch normal ist hier im Moment gar nichts.

Der Heimleiter freut sich sehr, mich wiederzusehen, und noch mehr darüber, dass ich mich bereit erkläre, Faris‘ persönliche Sachen mitzunehmen: Er übergibt mir einen Rucksack, ein Paar Schuhe, eine Jacke, ein Telefon mit Ladegerät – Faris‘ gesamten Besitz. Mehr hat er nicht. Ich nehme die Habseligkeiten und fahre ins Krankenhaus. Ich habe noch über eine halbe Stunde Zeit bis zu meinem Dienstbeginn und werde auf meiner eigenen Station angeguckt wie eine Außerirdische: Was macht die denn jetzt schon hier, und mit fremden Sachen?

Mein Kollege vom Frühdienst jedoch ist aufrichtig froh, dass ich bereits da bin. Er hat Verständnis für Faris, fühlt sich aber im Umgang mit ihm völlig hilflos und überfordert.

Faris schläft, als ich mit seinen Sachen sein Zimmer betrete. Sie haben ihn mit Medikamenten ruhiggestellt. Ich wecke ihn vorsichtig:

„Hallo, guten Tag! Wie geht es Ihnen heute? Ich bringe Ihnen Ihre Sachen ...“ Ich halte ihm seinen Rucksack und seine Jacke hin. „Gehört das hier alles Ihnen?“

Er braucht ein paar Augenblicke, um zu realisieren, was passiert. Glücklich und dankbar lacht mich Faris an. Ein schlichtes, demütiges „Danke“ kommt über seine Lippen, mit einem Blick, der mehr sagt als tausend Worte. Endlich kann er das tun, was ihm in dieser Situation am Allerwichtigsten ist: seine Mutter anrufen.

4 - Handlungsbedarf

Abends werde ich auf die Wachstation gerufen. Ein Patient ist aus dem Schlaf heraus offenbar mit starken Schmerzen aufgewacht und nun sehr unruhig. Er ist Mitte fünfzig. Es ist bekannt, dass er herzkrank ist. Er wurde am Vormittag mit Verdacht auf einen Herzinfarkt eingeliefert, der sich aber nicht bestätigt hat. Er hat eine Narbe an der Brust und auf dem Röntgenbild projiziert sich ein „metalldichter Gegenstand" auf die Lunge. So steht es im Befund. Eine lange Liste mit Medikamenten, die er gegen seine Herzprobleme regelmäßig einnehmen muss, aber schon wochenlang nicht mehr einnehmen konnte, weil er keine mehr hat, findet sich ebenfalls in seiner Krankenakte.

Im Bett sitzt schweißgebadet und schwer atmend Herr Khalil. Herr Khalil spricht nur wenige Brocken Englisch, aber mit Händen und Füßen und dank erstaunlicher pantomimischer Fähigkeiten kenne ich innerhalb weniger Minuten seine Geschichte:

Seine gesamte Familie wurde im Kugelhagel ausgelöscht, nur er und sein dreizehnjähriger Neffe haben überlebt. Er hat noch versucht, seinen jüngsten Sohn mit seinem eigenen Körper zu schützen, aber ein Projektil traf den Zehnjährigen, durchschlug dessen Brustkorb und blieb in der Lunge des Vaters stecken. Der Junge starb in seinen Armen. Seit dem hat Herr Khalil Schmerzen beim Atmen und seit Monaten nicht mehr richtig geschlafen, weil ihn schwerste Albträume und heftige Flashbacks[4] plagen. Eine operative Entfernung des Projektils in seiner Lunge lehnt er vehement ab, weil das Geschoss vorher seinen Sohn traf und auf diese Weise der Junge noch immer bei ihm ist. Es ist das einzige Andenken an sein Kind. Zusammen mit dem Neffen ist er vor wenigen Tagen nach bereits verschiedenen Stationen in Deutschland der hiesigen Erstaufnahmeeinrichtung zugewiesen worden. Der Neffe hat mit ansehen müssen, wie die gesamte Familie starb, blieb aber als einziger unverletzt. Herr Khalil möchte möglichst schnell wieder aus dem Krankenhaus entlassen werden, weil sein Neffe ja nun ohne ihn ganz alleine in dem Heim ist.

Kurzfristig und oberflächlich kann ich Herrn Khalil helfen, aber auch er braucht langfristige Betreuung (sowohl seines Herzens, als auch seiner Psyche wegen), die ihm aber in Deutschland in seinem Status als Asylbewerber gar nicht zusteht. Es dürfen per Gesetz nur akute Erkrankungen und Schmerzzustände behandelt werden.

In der Nacht sitze ich im Bereitschaftszimmer und hänge meinen Gedanken nach. Faris und Herr Khalil – beide haben hier keinen Anspruch auf medizinische Behandlung außerhalb der Notfallversorgung. Aber beide sind chronisch krank und brauchen dringend und dauerhaft lebensnotwendige Medikamente. Faris seine Asthmamittel, Herr Khalil seine Herztabletten. Beide werden irgendwann aus dem Krankenhaus entlassen. Dabei werden ihnen wie üblich die Medikamente für die nächsten drei Tage mitgegeben. Beide brauchen aber zwingend eine regelmäßige ambulante Versorgung.

Selbst wenn beide einen Hausarzt finden, so dürfen sie diesen nur mit einem Behandlungsschein vom Amt aufsuchen, den sie sich vorher ausstellen lassen müssen und der oft nur für einen einzigen Tag gültig ist. Über die Ausstellung dieser Scheine entscheidet wieder ein medizinischer Laie. Nicht selten werden diese Scheine verweigert, weil der Beamte die Behandlungsnotwendigkeit nicht erkennt und aufgrund seines nicht vorhandenen Fachwissens auch gar nicht erkennen kann.

In Sachsen müssen chronisch kranke Asylbewerber also zunächst erst einmal einen Arzt finden, der bereit ist, sie zu überhaupt zu behandeln. Nicht wenige Praxen lehnen das rundheraus ab. Dann gilt es, einen Termin zu vereinbaren. Danach muss der Asylbewerber sich besagten Behandlungsschein für genau diesen Tag vom Amt holen und mit Dolmetscher den Arzttermin wahrnehmen. Wenn der Termin aus welchen Gründen auch immer nicht wahrgenommen werden kann, verfällt der Behandlungsschein und muss für den nächsten Termin erneut erworben werden. Wer ohne Dolmetscher kommt, wird in der Regel gleich wieder weggeschickt. Dolmetscher sind rar und heiß begehrt. Nicht immer, wenn in der Praxis ein Termin frei ist, hat auch der Dolmetscher gerade Zeit. Wie soll das ein Mensch ohne Kenntnisse der deutschen Bürokratie und Sprache innerhalb von drei Tagen organisieren? Wie soll das ein allein an weiter Front kämpfender Heimleiter, der sich noch um zahlreiche andere Probleme kümmern muss, bewerkstelligen?

Hat ein Asylbewerber dann tatsächlich irgendwann seinen Arzttermin erfolgreich wahrnehmen können und ein Rezept für seine dringend benötigten Medikamente erhalten, so kann er dieses nicht einfach in einer Apotheke einlösen. Nein, er muss damit ebenfalls wieder zum Amt gehen und sich mit einem Stempel die Kostenübernahme bescheinigen lassen. Weil hochwirksame Medikamente gegen spezifische Leiden teuer sind, wird dieser Stempel nicht selten verweigert. Die Entscheidung darüber trifft natürlich wieder – wie könnte es anders sein – ein medizinischer Laie!

Es gleicht also eher einem Glücksspiel, am Ende tatsächlich Behandlung und Medikamente zu erhalten, und wenn diese aufgebraucht sind, beginnt der ganze Prozess von vorn. Erst nach fünfzehn Monaten kann ein Asylbewerber in Sachsen eine Gesundheitskarte beantragen, mit der Ämtermarathon und zweifelhafte Laienentscheidungen ein Ende finden.

Wie soll es also einem Asylbewerber gelingen, innerhalb von drei Tagen (man stelle sich vor, die Entlassung aus der Klinik erfolgt an einem Freitag) dringend benötigte, lebenswichtige Medikamente zu erhalten? Selbst wenn er weiß, in welcher Reihenfolge er sich an wen zu wenden hat, ist das in der Realität in dem angegebenen Zeitraum absolut unmöglich.

Diese Praxis ist unwürdig und menschenverachtend. Es kann nicht sein, dass chronisch Kranken dringend und dauerhaft benötigte medizinische Hilfe verweigert wird. Sie werden damit bewusst in lebensbedrohliche Situationen gebracht bzw. diese zumindest billigend in Kauf genommen - in Deutschland, einem der reichsten Länder der Welt mit einem der modernsten und leistungsfähigsten Gesundheits- und Sozialsystem der Welt!

Ich kann es nicht verantworten, den knapp mit dem Leben davongekommenen Faris und Herrn Khalil aus der Maximalversorgung einer Intensiv- bzw. Wachstation in ein ambulantes Versorgungsvakuum zu entlassen, bei dem der nächste Notfall bereits vorprogrammiert ist.

Man müsste dringend auch in dieser ländlichen Region ein eigenes Netzwerk nach dem Vorbild der Medinetze der Großstädte aufbauen, das niederschwellig und unbürokratisch arbeitet.

Man müsste. Man? Wer ist ‚man'? ‚Man' ist ein hervorragender Begriff, um sich aus der Verantwortung zu ziehen und Zuständigkeiten abzuwälzen. Wenn ‚man' etwas tun muss, dann macht es in aller Regel niemand. Wer also soll hier ein Netzwerk zur medizinischen Versorgung der chronisch kranken Asylbewerber aufbauen? *Ich* werde es tun! Und bis es funktionsfähige Strukturen gibt, kümmere ich mich selbst um die ambulante Weiterbetreuung von Faris und Herrn Khalil.

5 – Anfeindungen

Ich eröffne Chrissi meinen Plan, die ihn sofort begeistert aufnimmt. Wir entwerfen einen Flyer, den wir in knapp hundertfacher Ausfertigung an Praxen aller Fachgebiete in der Stadt und den Nachbarorten verteilen und mit dem wir die Inhaber zur Mitarbeit im zu schaffenden Netzwerk motivieren möchten. Zeitgleich geht die Homepage zu unserer Initiative online. Außerdem verschicke ich ein krankenhausinternes Rundschreiben an alle ärztlichen Kollegen sowie Stationsleitungen, in dem ich unser Vorhaben vorstelle und darum bitte, darüber informiert zu werden, wenn ein Asylbewerber aus der stationären Behandlung entlassen wird und weiterführende ambulante Behandlung benötigt.

Damit trete ich eine Lawine los, eine Lawine von Anfeindungen! Mitarbeiter, mit denen ich seit Jahren ein gutes, kollegiales Verhältnis hatte, reden plötzlich nicht mehr mit mir. Eine Ärztin aus meiner eigenen Abteilung verweigert mir sogar ein „guten Morgen“. Andere ignorieren mich komplett: Gestern noch gemeinsam geplaudert und gescherzt, bin ich heute Luft. In der Cafeteria setzt man sich demonstrativ an einen anderen Tisch. Setze ich mich dazu, verstummt sofort jedes Gespräch und die anderen suchen einen Grund, so schnell wie möglich aufzustehen. Auf den Fluren dreht man sich nach mir um. Hinter meinem Rücken wird getuschelt. „Was hat die bloß davon, sich um diese blöden Ausländer zu kümmern?“ und „Die hat ja nicht mehr alle Tassen im Schrank“ sind noch die harmlosesten Worte. Ein paar Wochen später findet während meines Urlaubs ein Treffen aller Stationsleitungen statt, meine Initiative ist der einzige Tagesordnungspunkt. Später erfahre ich, dass ich und mein Projekt bei dieser Zusammenkunft scharf kritisiert und abgelehnt werden. Fair wäre es gewesen, wenn ich an diesem Treffen hätte teilnehmen können, so aber hatte keinerlei Möglichkeit, meinen Standpunkt zu äußern. Auch darf ich bis heute den Namen meiner Klinik nicht im Zusammenhang mit meinem Flüchtlingsengagement erwähnen. Sachliche Gespräche und Diskussionen kommen nur selten zustande.

Eine niedergelassene Kollegin, die unseren Flyer erhalten hat, macht mir auf offener Straße mit unmissverständlicher Geste klar, dass ich einen Vogel habe. Über das Kontaktformular der Homepage gehen rassistische Drohungen ein.

Es gibt aber auch zaghaften Zuspruch. Eine Handvoll Leute drückt mir ihren Respekt und ihre Bereitschaft aus, uns zu unterstützen. Ein paar wenige äußern dasselbe hinter vorgehaltener Hand, trauen sich aber nicht, offen Position zu beziehen. Positive Reaktionen auf unsere Flyeraktion sind insgesamt verhalten. Im Laufe der Zeit erklären sich aber doch einige Praxisinhaber bereit, unser Vorhaben zu unterstützen. Eineinhalb Jahre später ist es sogar die Mehrheit derjenigen, die wir ursprünglich angeschrieben haben, aber es bleiben auch einige, die die Behandlung von Flüchtlingen ablehnen. Die Gründe dafür sind vielfältig, generelle Ablehnung der Asylbewerber nur einer. Ein Kollege fand eines Tages Hakenkreuze an der Eingangstür seiner Praxis – ein untrügliches Zeichen dafür, dass er ins Visier ausländerfeindlicher Gruppen geraten war. Er hatte Angst um seine Familie und sein Personal. Ein anderer zog seine Bereitschaft, Asylbewerber zu behandeln, später wieder zurück, weil ihm seine Stammpatienten wegblieben, seit Ausländer in seinem Wartezimmer saßen. Das könne er sich einfach nicht leisten, er müsse seine Angestellten bezahlen und hätte einen Kredit zu tilgen. Durchaus nachvollziehbare Gründe ...

Als die Ablehnung medizinischer Behandlung von Flüchtlingen durch eine Arztpraxis in einer anderen sächsischen Stadt in den Medien Schlagzeilen macht und ich öffentlich darauf hinweise, dass das kein Einzelfall ist, werden meine Kommentare schnellstmöglich gelöscht, mein Benutzerkonto gesperrt und meine schriftlich eingereichten Leserbriefe gar nicht erst zur Veröffentlichung angenommen. Es scheint nicht erwünscht zu ein, diese Tatsache klar zu benennen.

Herr Khalil und Faris sind inzwischen auf andere Stationen des Krankenhauses verlegt worden. Herr Khalil wird wenig später entlassen und ich werde tatsächlich vorher darüber informiert.

Bei Faris jedoch gestaltet es sich schwierig, ihn auf passende Medikamente einzustellen, weil bei ihm zahlreiche Nebenwirkungen auftreten und er viele Mittel nicht verträgt. Außerdem wird bei ihm bei einer Routine-Untersuchung ein gegen viele Antibiotika resistenter Keim gefunden. Er wird deshalb leitliniengerecht isoliert und behandelt. Die Zeit im Isolationszimmer wird Faris rückblickend als „Folter in Einzelhaft“ beschreiben. Er verglich diese Situation mit der in seinem Heimatland, in der ein Kranker niemals allein gelassen würde. Am schlimmsten wäre die Einsamkeit gewesen, manchmal hätte nur ein einziges Mal pro Schicht eine „vermummte“ Person sein Zimmer für wenige Minuten betreten. Besuch von außerhalb erhielt er keinen. Oft fühlte er sich vergessen, ihm war auch nicht erklärt worden, warum er auf einmal isoliert wurde.

Als er eines Tages dieses Zimmer verlassen wollte, nur um „einmal etwas anderes als diese vier Wände zu sehen“, ist er von zwei Krankenschwestern körperlich rüde daran gehindert worden, was er als groben Affront empfunden hätte.

Eine furchtbare Erniedrigung war es jedoch, als er, stark unterernährt wie er war, eines späten Abends noch Hunger hatte und um etwas zu essen bat (mit dem bereits um siebzehn Uhr ausgeteilten Abendessen kam er nicht hin). Daraufhin hat die Schwester, die alleine den Nachtdienst verrichte, um sich nicht erst mit Kittel, Handschuhen und Mundschutz bekleiden zu müssen, von der Tür aus zwei eingeschweißte Kekse auf seinen Nachtschrank geworfen. Er habe sich gefühlt wie ein Tier; es wäre ihm lieber gewesen, wenn er gar nichts bekommen hätte, und er hat trotz des Hungers diese Kekse nicht angerührt. Er hat sich gefragt, ob die Schuld für diese Behandlung vielleicht bei ihm selber liegt, ob er etwas falsch gemacht hat, und ob die Schwester tatsächlich so mit ihm umgehen darf.

Beim Stationspersonal gilt Faris als schwierig und fordernd, weil er oft klingelt oder sich Pflaster und Venenzugänge entfernt, um, wie er selbst sagt, der Einsamkeit zu entgehen und Schwestern und Ärzte zu „zwingen“, sich in seinem Isolationszimmer um ihn zu kümmern.

Als ich später einmal nach Faris schauen möchte, versucht mich eine Krankenschwester mit der Begründung, ich hätte auf dieser Station nichts zu suchen, vom Betreten seines Zimmers abzuhalten.

Am nächsten Tag stelle ich irritiert fest, dass Faris nicht mehr im Krankenhaus ist. Die elektronische Krankenakte verrät mir, dass er gestern Abend um kurz nach zwanzig Uhr entlassen wurde. Aber ich war doch gestern Nachmittag noch bei ihm? Ich war doch gestern noch auf der betreffenden Station? Warum hat weder er selbst, noch jemand anders mich über seine geplante Entlassung informiert?

Ich habe eindeutig und schriftlich darum gebeten, über Entlassungen von Asylbewerbern informiert zu werden, damit ich rechtzeitig etwas in Richtung Anschlussbehandlung organisieren kann, und nun entlassen sie ihn, von dem wir vor zwei Wochen noch nicht wussten, ob er überhaupt überleben würde, einfach in einer abendlichen Nacht- und Nebelaktion zurück in die chaotische Erstaufnahmeeinrichtung. Ich bin wütend, sehr wütend! Ich rufe auf der betreffenden Station an und höre, dass Faris vor seiner plötzlichen und kurzfristigen Entlassung, von der selbst erst unmittelbar vorher erfahren hat, mit mir sprechen wollte. Dieser Wunsch wurde ihm ganz offensichtlich verweigert. Mit einem Minimum an gutem Willen hätte man meine private Telefonnummer erfragen können – sie steht für jeden Mitarbeiter einsehbar auf dem Notfallalarmierungsplan der ITS. Stattdessen wird meine Arbeit zum Nachteil des Patienten boykottiert.

6 – Im Hotel

Ich habe dem Leiter der Erstaufnahmeeinrichtung, von allen der bisherigen Nutzung wegen nur „das Hotel“ genannt, für heute nach der Arbeit mein Kommen angekündigt. Ich möchte Faris und Herrn Khalil sehen und gegebenenfalls untersuchen, mich von deren Befinden überzeugen, wissen, wie es um ihre Medikamente steht. Außerdem möchte ich die hausärztliche Versorgung der beiden auf den Weg bringen.

Es ist ruhiger geworden rund um das Hotel, es gibt keine blockierten Zufahrtsstraßen mehr, keine Demonstranten, keine Flaschen- und Steinewerfer, nur Pöbeleien aus den Fenstern der Wohnblocks. Inzwischen gibt es auch Ehrenamtliche, die sich in einem Verein zusammengeschlossen haben, der vielfältige Hilfe anbietet und koordiniert.

Hauptamtlich und auf sich allein gestellt ist nach wie vor der Heimleiter. Ihm sind Mitarbeiter für den nächsten Monat in Aussicht gestellt worden, sicher ist das noch nicht.

Ich bin etwas eher dort, der Heimleiter hat noch keine Zeit für mich. Die Security an der Rezeption ist über mein Kommen bereits informiert, ich erhalte unproblematisch Einlass und nutze die Zeit, um mich etwas umzusehen. Die Unterkunft bietet Platz für vierhundert Bewohner und ist voll belegt. Männer, Frauen, Kinder, Babys, Menschen aus zwölf verschiedenen Nationen. Manche werden monatelang hier leben, andere nur wenige Tage, ehe sie einer anderen Unterkunft zugewiesen werden.

Das Haus ist ein typischer DDR-Bau der siebziger Jahre, bis zuletzt als Hotel genutzt, aber abgewirtschaftet und heruntergekommen. Die wenigsten Zimmer haben ein eigenes Bad; die, die eins haben, sind für Familien reserviert. Für alle anderen gibt es auf jedem Flur Gemeinschaftsbäder. Die Gänge sind lang, eng und dunkel. Draußen ist es sommerlich warm, drinnen steht die stickige Luft. Um für ein bisschen Zirkulation zu sorgen, haben viele Bewohner ihre Fenster und die gegenüberliegenden Türen weit geöffnet. Die meisten liegen sie auf ihren Betten und dösen vor sich hin. Wer mich bemerkt, grüßt freundlich. Ich benutze ein anderes Treppenhaus, um wieder zum Zimmer des Heimleiters zu gelangen, als mir auf einmal der über das ganze Gesicht strahlende Faris entgegenkommt.

„Hallo Faris, ich bin hier um nach Ihnen zu sehen! Ich habe heute erfahren, dass Sie gestern Abend entlassen worden sind.“

„Frau Doktor, Sie sind wegen *mir* hierhergekommen?“

„Ja, wegen Ihnen und noch wegen eines anderen Patienten. Ich möchte wissen, wie es Ihnen geht und ob sie genügend Medikamente haben. Solange es noch keine Arztpraxis gibt, in die Sie gehen können, kümmere ich mich darum.“

„Ich wusste, dass Sie mich nicht vergessen! Ich wusste, dass Sie kommen würden! Vielen, vielen Dank!“

Er bittet mich in sein Zimmer, das er sich mit zwei Mitbewohnern teilt. Auch von ihnen werde ich freundlich empfangen und zuvorkommend behandelt. Ich bekomme einen Platz angeboten, der Stuhl wird für mich der Hitze und des lauen Lüftchens wegen extra ans offene Fenster gerückt. Es ist sehr eng in dem Raum, ursprünglich war das Zimmer nur für eine Belegung mit zwei Personen gedacht, nun wohnen sie zu dritt hier. Sie bieten mir etwas zu trinken an und Knabbereien, nehmen selbst aber nichts davon - es ist Ramadan.

Faris berichtet mir, dass die Entlassung gestern Abend sehr plötzlich vonstattenging, man bräuchte akut das Zimmer und er wäre jetzt so weit, dass er entlassen werden könnte. Ja, er hat nach mir gefragt, er wollte mich sprechen, aber darauf ist niemand eingegangen.

Faris ist noch sehr schwach. Sein Asthma ist besser und neu medikamentös eingestellt, er ist aber nach wie vor nicht beschwerdefrei, hat immer noch und immer wieder Luftnot, wenn auch nicht so stark wie vor einigen Wochen. Er lässt sich von mir untersuchen und zeigt mir die Medikamente, die ihm bei seiner Entlassung mitgegeben wurden, sowie einen Brief mit detailliertem Behandlungsplan für den niedergelassenen weiterbehandelnden Arzt, den es jedoch nicht gibt und für die nächsten Monate auch nicht geben wird. Darin enthalten ist auch die Anweisung weiterer Kontrollabstriche auf den resistenten Keim, die natürlich auch nicht stattfinden. Der erste Kontrollabstrich nach der entsprechenden Behandlung ist noch in der Klinik abgenommen worden und negativ, der resistente Keim war darin also nicht mehr zu finden.

Ich kann mich davon überzeugen, dass Faris weiß, wie er seine Medikamente anwenden muss. Das kann er mir für jedes einzelne ganz genau sagen. Angesichts seiner Unterernährung und allgemeinen Schwäche rate ihm dringend, zu essen und zu trinken. Er ist krank und muss daher nicht die Ramadan-Regeln einhalten. Im Krankenhaus hat er alle angebotenen Mahlzeiten gegessen, hier unter Seinesgleichen lehnt er das jedoch ab. Seine über den Tag nach Zeitplan anzuwendenden Medikamente nimmt er aber ein. Das versichert er mir, und die anderen beiden bestätigen das. Aus medizinischer Sicht halte ich sein Fasten für gefährlich und erkläre ihm das auch, akzeptiere aber seine Entscheidung. Ich verabschiede mich von Faris und seinen beiden Zimmergenossen, da der Heimleiter inzwischen auf mich wartet. Er hat in seinem Zimmer außer Herrn Khalil noch vier, fünf weitere Menschen versammelt, die auch alle krank sind. Er weiß nicht, wie dringend er deren Behandlung einleiten muss, und bittet mich jeweils um eine Einschätzung.

Herr Khalil ist verhältnismäßig wohlauf und seitens seines Herzens ohne Beschwerden. Auch er weiß, wie er seine Medikamente einnehmen muss. Allerdings hat man ihm zwar die Herztabletten für einige Tage mitgegeben, ein Schmerzmittel aber nicht.

Hier kann ich leicht Abhilfe schaffen, denn einige wenige Medikamente habe ich dabei.

Für eine schwangere Frau, die seit Tagen unter starken Blutungen leidet, holen wir sofort den Rettungsdienst. Man kann bei ihr die Frühgeburt noch um einige Tage hinauszögern, aber nicht mehr verhindern.

Die anderen Patienten sind nicht so ernsthaft krank, dass sie in die Notaufnahme müssten:

Einer leidet an Heuschnupfen, ein anderer ist erkältet, ein dritter hat Schwindelattacken durch Flüssigkeitsmangel. Sommerliche Temperaturen und Ramadan sind eine ungünstige Kombination. Ich kann ihn davon überzeugen, einen Liter Wasser zu trinken, danach geht es ihm besser.

Während ich noch mit dem Heimleiter spreche, kommt eine aufgeregte junge Frau ins Büro gelaufen. Sie bedeutet ihm, dass er mitkommen soll. Kurz darauf kehrt der Heimleiter zurück und bittet mich in das betreffende Zimmer. Ein alter Mann liegt auf dem Bett. Nach den Angaben seiner Familie ist er Diabetiker, aber hat seit Monaten schon kein Insulin mehr. Er ist seit dem Morgen nicht richtig ansprechbar, jetzt reagiert er überhaupt nicht mehr. Auch für ihn holen wir den Notarzt. Auch er wird dringend einen Hausarzt brauchen.

Die Patienten, die ich heute gesehen habe, sind nur die, die ihre Beschwerden dem Heimleiter mitgeteilt haben. Ich ahne, dass es hier noch weit mehr Kranke gibt.

Der Heimleiter ist völlig fertig. Bei vierhundert Menschen mit fast täglichen Ab- und Zugängen ist er gar nicht in der Lage, den Überblick zu behalten. Das kann niemand. Er bemüht sich und ist rund um die Uhr für „seine" Bewohner, wie er sie freundschaftlich nennt, da, aber er ist mit der Organisation schlicht überfordert. Dennoch fühlt er sich für die Kranken besonders verantwortlich und möchte für sie so schnell wie möglich ambulante Arzttermine vereinbaren. Ich händige ihm die erste, noch kurze Liste mit Praxisanschriften aus und sage ihm, wer von den mir bekannten Patienten oberste Priorität hat. Ich biete auch an, die Praxen selbst zu kontaktieren, aber da ich die Terminpläne der Dolmetscher nicht kenne, würde das nur ein noch größeres Chaos verursachen.

Da der Heimleiter nicht den Überblick haben kann, wer noch welche Medikamente für wie viele Tage hat, beschließe ich, Faris und Herrn Khalil Eigenverantwortung zu übertragen:

Sind die Medikamente aufgebraucht und waren sie bis dahin noch nicht in einer Arztpraxis, sollen sich beide direkt bei mir melden. Dafür gebe ich ihnen meine Telefonnummer. Während Herr Khalil dankend zustimmt, ist Faris skeptisch:

„Ich kann Sie doch nicht einfach anrufen?"

„Doch, natürlich!"

„Nein ... Soll ich Sie denn wirklich anrufen?"

„Ja, bitte, selbstverständlich!"

„Ich kann Sie wirklich anrufen, wenn ich neue Medikamente brauche?“

„Unbedingt! Sie *müssen* mich sogar anrufen, wenn Sie bis dahin nicht in einer Praxis waren. Sonst kommt es wieder zu genau so einem Zwischenfall wie dem, den Sie gerade überstanden haben!“

Stockend: „Und wenn ich ... ein anderes Medikament brauche ...? Oder sonst irgendein Problem habe ...? Dann ... Kann ich Sie dann auch anrufen?“

„Ja. Sie können mich immer anrufen.“

„Frau Doktor, niemand hat mir je so geholfen wie Sie. Wenn ich hierbleiben kann, wenn ich mich etabliert habe, wenn ich richtig gut Deutsch kann, dann werde ich Ihnen all das wiedergeben, was Sie mir gegeben haben, das verspreche ich Ihnen!“

Viel später als geplant komme ich an diesem Abend nach Hause. Eine Liste mit Kollegen zu führen ist gut, aber nicht genug. Im Heim direkt muss es eine Anlaufstelle geben für niederschwellige, unbürokratische medizinische Versorgung. Es gibt noch viel zu tun.

7 – Gegen Windmühlen

Weil ich wegen meines bevorstehenden Urlaubs das gerade angelaufene Projekt nicht unterbrechen möchte, übergebe ich es komplett an Chrissi als meiner Stellvertreterin. Gemeinsam nehmen wir einen Termin bei der Heimleitung wahr – das Führungsteam besteht nicht mehr nur aus dem Heimleiter, sondern er hat inzwischen zwei engagierte Mitarbeiterinnen zur Seite.

Wir führen ein sehr langes Gespräch und kommen leider zu dem Schluss, dass seitens der übergeordneten Stellen von Bund und Land nicht nur eine schlechte, sondern gar keine Organisation des Flüchtlingszustromes vorliegt: Die linke Hand weiß nicht, was die rechte tut, jeder schiebt die Verantwortung auf andere, niemand kennt sich wirklich aus, keiner hat verlässliche Informationen, Handlungsanweisungen ändern sich beinahe stündlich, was heute noch galt, ist morgen schon wieder anders. Vorausgesetzt, man erhält überhaupt zeitnah alle relevanten Informationen. Jeder versucht, seinen eigenen kleinen Bereich zu organisieren, eine übergeordnete, funktionierende und koordinierende Stelle gibt es nicht.

Versucht man aber, Struktur zumindest in einen kleinen Bereich des Chaos zu bringen, dann scheitert das an so banalen Dingen wie dem einzigen noch vorhandenen Arabisch-Dolmetscher, der unermüdlich von früh bis spät seinen Einsatz tut und dessen Terminkalender kaum mit dem von Heim und Arztpraxen in Einklang zu bringen ist. Deswegen kann ich zum Beispiel nicht selbst einen Arzttermin für einen Flüchtling vereinbaren. Dieser Dolmetscher bemüht ich wirklich sehr, er hat auch (in der Überzeugung, etwas Gutes zu tun) viele Arzttermine selbstständig und ohne Absprache mit der Heimleitung vereinbart, kann aber natürlich nicht wissen, wer mit wirklich hoher Dringlichkeit zum Arzt muss. So kommt es, dass Patienten mit einem Schnupfen schon in einer Praxis vorstellig waren, aber Faris und Herr Khalil, die beiden derzeit dringendsten Fälle, auch eine Woche nach ihrer Entlassung noch nicht. Ich betone immer wieder, wer mit oberster Priorität einen Arzttermin braucht, und was passiert? Nichts! Das macht mich wütend. Das Heim sichert mir zu, morgen möglichst zeitnahe Arzttermine für beide zu vereinbaren.

Windmühlen, ein Kampf gegen Windmühlen ist das! Beim Aufbau unseres Krankenhauses in Kambodscha haben wir mit weniger Aufwand in kürzerer Zeit wesentlich mehr erreicht.

Faris und Herrn Khalil kann ich heute nicht sprechen, sie sind früh mit einem Sammeltransport zur einhundert Kilometer entfernten Außenstelle des BAMF[5] gebracht worden, um ihre Asylanträge zu stellen. Ich habe Bedenken wegen der stundenlangen Busfahrt und ihres schwachen Gesundheitszustandes. Beide wissen, dass ich in der nächsten Zeit nicht da sein werde, beide wissen, dass sie sich genauso gut jederzeit an Chrissi wenden können. Chrissi übernimmt also für die nächsten drei Wochen alle erforderlichen Aufgaben, während ich mich auf meinen Urlaub unter spanischer Sonne freue. In wenigen Tagen startet unser Flugzeug.

Bevor wir fliegen, verbringen wir noch einige Tage bei Verwandten. Am Abend grillen wir im Garten, als mich eine Textnachricht von Faris erreicht: „Ich bekomme keine Luft und mir tut es in der Brust weh, was soll ich tun?“ Ich rufe zurück, aber Faris geht nicht ans Telefon. Ich befürchte das Schlimmste. Bei einem Anruf im Heim erfahre ich, dass Faris wieder einen schweren Asthmaanfall hat und dass die Rettungskräfte bereits vor Ort sind.

Ich bin froh, als er sich später selber wieder meldet, doch was ich dabei erfahre, macht mich sprachlos: Von der Notarztwagenbesatzung wird er grob behandelt, auf seine Frage, ob denn wirklich wieder ins Krankenhaus muss, erhält er keine Antwort. In der Notaufnahme ist er keine fünf Minuten. Dort wird kein Wort mit ihm gewechselt, aber er erhält aber zumindest ein Medikament, was seine Beschwerden lindert. Danach wird er auf dieselbe Station gebracht, auf der er schon einmal isoliert war. Dienst hat dieselbe Schwester, die ihm von der Tür aus die Kekse auf den Nachttisch geworfen hat.

Da Faris keine negativen Kontrollabstriche nachweisen kann (wie auch, wenn er bisher noch keinen weiterbehandelnden Arzt hat?), ist er im Begriff, wieder isoliert zu werden. Er weigert sich, das Isolierzimmer zu betreten, weil er mit dieser Zeit starke negative Empfindungen verbindet.

Ohne ihn zu Wort kommen zu lassen, wirft ihm die Schwester daraufhin vor, dass es ja seine eigene Schuld sei, wenn er in der Zwischenzeit noch keinen Arzt hätte. Im Übrigen könne er auch gerne wieder dorthin gehen, wo er herkommt, wenn es ihm hier nicht passt. Die Situation eskaliert, als Faris im darauffolgenden heftigen Wortwechsel die Krankenschwester als „Rassist“ bezeichnet und diese ihm mit Rauswurf und Hausverbot droht. Daraufhin verlässt Faris die Klinik ohne weitere Therapie, aber mit Luftnot.

Im Moment kann ich, außer am Telefon zuzuhören, nichts tun, denn ich bin weit weg von dem Geschehen. Faris geht es im Moment besser. Ich appelliere eindringlich an ihn, dass er Chrissi anrufen soll, wenn es ihm wieder schlechter gehen sollte.

Einige Tage später bin ich zum Kofferpacken für Spanien wieder zu Hause. Da ich in der Zwischenzeit weder von Faris, noch von Chrissi, noch von der Heimleitung etwas gehört habe, beschließe ich, noch einmal kurz ins Hotel zu fahren und nach Faris zu schauen. Faris ist froh, mich zu sehen. Er wirkt krank und erschöpft und noch schwächer als vorher. Er berichtet mir noch einmal über seine Erlebnisse im Zusammenhang mit seinem letzten Asthmaanfall. Er findet jedoch für das unangemessene Verhalten, das ihm mehrfach entgegengebracht wird, entschuldigende Worte:

„Das hat nichts mit Deutschland zu tun, das ist schlechtes Benehmen von Einzelnen. Das ist gewesen und vorbei, das kümmert mich nicht mehr, darüber muss man nicht mehr reden". Auch sagt er, dass er das Gefühl habe, dass einige Englisch können, ihn aber überhaupt nicht verstehen wollen.

Er zeigt mir Bilder von seiner Familie und von seinen Haustieren, von denen er viel erzählt. Auch schildert er mir ausführlich seine aktuellen Beschwerden: Er hat große Probleme, sich in geschlossenen Räumen aufzuhalten, und wenn er liegt, dann bekommt er besonders schlecht Luft. Er hat auch Schmerzen, vor allem nachts ist es ganz schlimm. Die Schmerzen sind überall, im Brustkorb, in den Beinen, im Bauch, im Kopf. Draußen im Freien, außerhalb des Gebäudes, da geht es ihm besser. Deshalb läuft er stundenlang auf den Wegen und Straßen um die Unterkunft herum, obwohl ihm die Beine zittern, nur damit er nicht sein Zimmer betreten muss. Das klingt alles sehr danach, als ob da noch ganz andere Dinge eine Rolle spielen, als nur sein Asthma. Er ist, von seiner Lunge und der Unterernährung abgesehen, körperlich gesund – während seiner ITS-Zeit wurde er diagnostisch „auf den Kopf gestellt", alles ohne Befund. Der jetzige Zusammenbruch kam außerdem im zeitlichen Zusammenhang mit der Fahrt mit dem Sammeltransport zur Asylantragstellung.

„Frau Doktor, was habe ich denn nur? Zu Hause war ich nie so krank!"

„Kann es sein, dass Sie viel Stress hatten in der letzten Zeit?"

Überlegt: „Hm ... Ach nein, nicht so viel ..."

„Na, ich könnte mir schon vorstellen, dass die letzten Wochen sehr anstrengend für Sie waren."

„Ja ..." Er blickt verlegen zu Boden. Leise, nach langer Pause: „Ja, viel Stress ..."

„Das glaube ich Ihnen. Und der Termin mit dem Asylantrag, der war auch nicht einfach, nicht wahr?"

„Nein, das war sehr hart."

„Wie lange ist es denn her, dass Sie Ihre Heimat verlassen haben?"

„... vier Wochen ..."

„Vor vier Wochen?"

„Ja."

„Bestimmt vermissen Sie Ihre Tiere ...?"

„..."

„Und Ihre Mutter ...?"

„..."

„Und Ihre Familie ...?"

Schweigen.

„Sie haben viele Probleme, nicht wahr?"

„..."

Abermals Schweigen.

Seufzend: „Ja, viele. Sehr viele Probleme. Ich habe noch niemals in meinem Leben über meine Probleme gesprochen. Auch nicht mit meiner Familie. Noch nicht einmal mit meiner Mutter, auch nicht als Kind. Alle Probleme sind immer in mir drin geblieben. Deshalb tut alles weh. Aber ich kann nicht über meine Probleme sprechen."

„Das ist schlimm. Manchmal ist es aber gut, wenn man es doch schafft, mit jemandem über seine Probleme zu sprechen."

„Ach, ich weiß doch gar nicht, wie es weitergeht mit mir. Warten, warten, warten. Es kann doch sein, dass man mich morgen schon wegschickt. Was vergangen ist, ist vorbei. Darüber denke ich nicht mehr nach. Vielleicht kann ich ja doch hierbleiben. Ich lerne schon mal ein bisschen Deutsch: Guten Tag, guten Morgen, guten Abend, wie geht es dir, hallo, auf Wiedersehen!"

Psychische Probleme sind naheliegend. In diese Richtung müsste ich für Faris auch etwas organisieren. Aber noch ist er nicht so weit, das zuzulassen und sich mit seiner Vergangenheit auseinanderzusetzen. Doch vielleicht ist mit diesem Gespräch ja ein Anfang gemacht.

Mit Entsetzen höre ich jedoch, dass er immer noch nicht bei einem niedergelassenen Arzt war. Wütend verlange ich, den Leiter der Einrichtung zu sprechen. Groß ist meine Überraschung, als ich einem mir völlig unbekannten Menschen gegenüber stehe! Der bisherige Heimleiter und seine beiden Mitarbeiterinnen wurden in einer Nacht-und-Nebel-Aktion abgesetzt, eine geordnete Übergabe an die neue Leitung fand nicht statt. Man weiß nicht, wer ich bin und was ich möchte und man weiß auch nicht, dass es mindestens zwei schwerkranke Patienten unter den Bewohnern gibt, die dringend Arzttermine brauchen. Der Kampf gegen die Windmühlen geht also in die nächste Runde.

Alles zurück auf Anfang: Ich erkläre, wer ich bin, was ich mache, was ich vorhabe und warum ich das tue. Man ist distanziert, aber hört mir immerhin zu und versichert, dass von nun an alles besser werde und man auf jeden Fall auch ohne meine Hilfe die medizinische Versorgung der Bewohner sicherstellen könne. Kurz: Man braucht mich nicht.

Chrissi weiß ebenfalls von nichts. Ich ärgere mich darüber, dass nicht einmal die alte Heimleitung mich oder Chrissi über den Wechsel informiert hat. Warum bittet man mich erst um Unterstützung, um mich dann vor den Kopf zu stoßen? Ich besorge neue Medikamente für Faris, die für mindestens drei Wochen reichen, und fahre noch einmal zu ihm ins Hotel. Von Herrn Khalil habe ich nichts mehr gehört, ich treffe ihn nicht an, und er hat sich auch weder bei mir, noch bei Chrissi gemeldet.

Als ich Faris die Medikamente übergebe, bittet er mich um ein Foto – er hat seiner Mutter schon so oft von mir erzählt, sie würde mich gern einmal sehen.

9 – Hunger

Unser Urlaub ist vorbei, wir sind in der Nacht aus Spanien wiedergekommen. Am nächsten Morgen melde ich mich, wie vereinbart und versprochen, bei Faris. Nur erreiche ich ihn nicht. Keine Reaktion, keine Textnachricht, kein Rückruf. Nichts. Ist er wieder im Krankenhaus? Nein, das finde ich schnell heraus. War er wenigstens bei einem Arzt? Ist er in eine andere Einrichtung verlegt worden, „umverteilt“, wie es im Amtsdeutsch heißt? Ich habe keine Ahnung. Ich werde das Gefühl nicht los, dass irgendetwas nicht stimmt.

Ich wähle die Nummer der Heimverwaltung und spreche schon wieder mit einer mir unbekannten Person:

„Keine Ahnung, hier ist die Hölle los. Wir haben keinen Überblick, wer hier ist und wer nicht. Jeden Tag reisen welche ab, jeden Tag kommen welche an, wir müssen Platz für Neuankömmlinge schaffen. Wir erfahren nicht, wer wohin geht. Ob Faris Ashkani schon weg ist? Ich sagte doch schon: Wir wissen es nicht!“

Chrissi weiß es auch nicht. Faris hat sich nicht bei ihr gemeldet, das Heim ebenfalls nicht, und wenn sie dort angerufen hat, wurde sie kühl und bestimmt abgewiesen – man hätte alles im Griff und bräuchte keine Hilfe. Chrissi kann ihre Enttäuschung nicht verbergen.

Wenn sich Faris auch in Zukunft nicht meldet, dann enden all meine Bemühungen hier. Dann habe ich keine Möglichkeiten mehr, noch irgendetwas für ihn zu tun, und kann nur hoffen, dass ihm geholfen wird, wo immer er auch ist.

Eine Woche vergeht. Es ist ruhig, viel zu ruhig. Meine innere Stimme sagt mir, dass ich etwas tun muss, aber ich weiß nicht, was ich tun soll. Dann finde ich eines Abends auf meinem Handy eine Textnachricht von einer unbekannten Nummer: „Faris hier. Ich habe Probleme und muss dringend mit dir sprechen. Kannst du kommen?“ Faris! Ich rufe umgehend an und erfahre von ihm, dass es in den Wochen meiner Abwesenheit wieder mehrere Notarzteinsätze gab, dass er in das Krankenhaus des Nachbarortes eingeliefert wurde, er keine Zeit hatte, ein paar persönliche Dinge einzupacken und man ihm diese auch nicht in die Klinik gebracht hat. Nach seiner Entlassung und Rückkehr in die Erstaufnahmeeinrichtung musste er ein anderes Zimmer beziehen. Seine Sachen hatte man schon dort deponiert - was fehlte, war sein Telefon. Natürlich wusste niemand, wo es geblieben war. Die Tatsache, sich wieder nicht bei seiner Familie melden zu können, sich um Ersatz kümmern zu müssen, vor allem aber der Verlust von Fotos und Dokumenten löste so viel Stress bei ihm aus, dass es gleich wieder zu einem schweren Asthmaanfall mit einem erneuten Notarzteinsatz kam. Diesmal traf er jedoch auf einen Notarzt, der bereit war, seine Ablehnung der Krankenhauseinweisung zu akzeptieren und es bei der ambulanten Behandlung beließ. In einer allgemeinärztlichen oder internistischen Arztpraxis war Faris in der Zwischenzeit aber immer noch nicht.

Ich freue mich, von Faris zu hören, wenngleich das, was ich erfahre, alles andere als erfreulich ist. Es gibt längeren Gesprächsbedarf, sowohl von Faris', als auch von meiner Seite.

Spontan lade ich ihn für morgen zu uns ein. Ich habe keine Lust auf dieses enge, überbelegte Zimmer und auf ernste Gespräche im Auto auch nicht. Wider Erwarten sagt er sofort zu. Am späten Vormittag hole ich also Faris ab und erschrecke. Drei Wochen habe ich ihn nicht gesehen. Er sieht schlecht aus. Noch viel schlechter als vorher, noch dünner, er hat weiter abgenommen. Faris isst nichts. Warum? Seine Antwort glaube ich nicht: Die Küchen des ehemaligen Hotels sind für Familien zu deren Selbstversorgung reserviert, und Kochstellen in den Zimmern sind aus Brandschutzgründen nicht gestattet. Das sehe ich ein. Aber dass die Küchen von den anderen Bewohnern nicht genutzt werden dürfen, verstehe ich nicht. Für sie gibt es einen Caterer, der angeblich Blutwurst aufs Brot und Schweinshaxe zum Mittagessen liefert. Nein, das glaube ich nicht! Beim Essensversorger von Felix' Schule und sogar im Kindergarten konnte man wählen, ob das Essen vegan, ohne Schweinefleisch oder koscher sein soll oder was auch immer für Ernährungswünsche man hat. Aber in eine Gemeinschaftsunterkunft mit über neunzig Prozent muslimischen Bewohnern, liefert der Caterer Schweinefleisch? Nein, das glaube ich beim besten Willen nicht!

Faris bittet mich in sein Zimmer. Hier stehen noch Tabletts vom Frühstück – mit Bierschinken- und Leberwurstscheiben. Auswahlmöglichkeiten gibt es keine, die Tabletts werden fertig gepackt und in Folie eingeschweißt geliefert. Faris' Zimmermitbewohner bestätigen mir, was er berichtet. Meist essen sie nur das Brot, seit Wochen schon haben sie keine warme Mahlzeit mehr zu sich genommen. Oft haben sie Hunger. Bargeld, um einzukaufen, haben sie nicht, denn sie erhalten ja Sachleistungen. Und selbst wenn, die Küchen dürfen sie ja ohnehin nicht benutzen und Kochplatten auf den Zimmern auch nicht. Sie haben also gar keine Möglichkeit, sich etwas Warmes zuzubereiten. Dann möchten Faris und seine Mitbewohner, dass ich sie in den Speiseraum begleite. Hier wird gerade für das Mittagessen aufgebaut: es gibt Szegediner Gulasch …

Ich bin sprachlos. Man muss doch in der Lage sein, die Bewohner einer Gemeinschaftseinrichtung gemäß der jeweiligen Speisevorlieben oder -vorschriften zu verköstigen, im Kindergarten geht das doch schließlich auch!

Ich gehe mit Faris und den beiden anderen in die Verwaltung und stehe abermals völlig fremden Menschen gegenüber. Die Führungsebene hat schon wieder gewechselt. Frau Richter stellt sich mir als neue Einrichtungsleiterin vor. Wir sind uns auf Anhieb sympathisch. Sie immerhin hat schon einmal etwas von mir gehört und freut sich, mich kennenzulernen. Sie berichtet mir von vielen kranken Bewohnern und völlig ungenügender medizinischer Versorgung. Zum wiederholten Male biete ich meine Hilfe an, die nun nicht mehr länger abgelehnt wird. Ich spreche den Gesundheitszustand von Faris an. Frau Richter hat wohl erfahren, dass einer der Bewohner dringend zum Arzt muss, aber wer das ist und warum, das weiß sie nicht. Faris steht neben mir. Bei seinem Anblick ist sie sichtlich erschüttert. Auch spreche ich das Catering an und appelliere eindringlich, dass *alle* Bewohner, aber kranke umso mehr, eine vollwertige, ihren Bedürfnissen gerechte Kost benötigen. Das Problem mit der Essensversorgung sei bekannt, ein neuer Caterer zum nächsten Monatsbeginn bereits vertraglich gebunden.

Ich habe den Eindruck, dass man mit Frau Richter gut zusammenarbeiten kann. Wir sind beide der Meinung, dass eine Kooperation sehr im Sinne der Bewohner wäre.

Faris ist so schwach, dass er kaum den Weg bis zum Parkplatz schafft. Aber er ist so voller Freude! Einmal dieses Heim verlassen, herauskommen, sich sicher fühlen können, keine Angst haben. Überhaupt: die Angst, immer. Angst vor dem nächsten Asthmaanfall. Angst vor Unfreundlichkeit, vor Rassismus, vor Übergriffen. Nie alleine gehen, die Straßen sind gefährlich. Angst, ständig. Genau so viel Angst wie zu Hause. Und trotzdem Heimweh …

Felix und Faris sind sofort ein Herz und eine Seele. Sie sprechen keine gemeinsame Sprache, aber sie verstehen sich perfekt. Sie fühlen und bezeichnen sich als Brüder. Sie sitzen zusammen auf dem Boden von Felix' Zimmer und bauen Lego. Faris ist begeistert von den bunten Steinen – er hat so etwas noch nie gesehen – und wird selbst wieder zum Kind.

Faris hat viel Gesprächsbedarf, sehr, sehr viel. Reden, erzählen, jemand der zuhört. Das erste Mal, dass jemand zuhört. Ich erfahre viel über ihn, auch seine gesamte Fluchtgeschichte. Stunden später scheint alles gut, ist alles erklärt, alles gegessen. Das gemeinsame Essen war die erste warme Mahlzeit für Faris seit seiner Entlassung aus dem Krankenhaus. Wir haben Spaß gehabt und Scherze gemacht. Ein winziges Stückchen Normalität. Ich habe den Eindruck, dass es ihm zum ersten Mal, seit ich ihn kenne, richtig gut geht.

Faris hat die Zeit genossen. Immer wieder bedankt er sich, aber Worte scheinen ihm nicht genug. Er zögert lange, ehe er mich zum Abschied zaghaft umarmt. Mir läuft ein kalter Schauer über den Rücken. Faris ist so dünn! Bei Felix habe ich mehr in den Händen.

Am Abend bringe ich Felix zu Bett und bekomme noch Besuch von einer Freundin. Als ich selbst meinen Tag beenden möchte, bemerke ich, dass bereits vor einiger Zeit eine Nachricht auf meinem Handy eingegangen ist: „Ich werde morgen nach Reichenbach verlegt, früh um sieben kommt der Bus. Ich will dort nicht hin! Was soll ich nur machen? Und ich bekomme schlecht Luft!"

Ich kann es nicht fassen! Wie zum Hohn! Vor wenigen Stunden noch war alles in Ordnung. Ein kleines bisschen Normalität, ein kleines bisschen Hoffnung, zerplatzt wie eine Seifenblase. Nein, das werde ich nicht zulassen. Faris ist schwer krank und extrem unterernährt. Er kann kaum fünfzig Meter zu Fuß gehen und ist schon rein körperlich nicht in der Lage, die stundenlange Busfahrt quer durch Sachsen zu überstehen.

„Faris, bleib ganz ruhig. Versuche, dich nicht aufzuregen, denk' an deine Lunge! Sie holen sonst wieder den Notarzt!"

„Nein, nein ... ! Nicht den Notarzt, ich gehe nicht ins Krankenhaus ...! Nein ...!"

„Aber bedenke: Wenn du im Krankenhaus bist, dann *kannst* du morgen gar nicht verlegt werden!"

„Nein, nein! Das Krankenhaus ist noch viel schlimmer. Dort bin ich wieder ganz allein in diesem Zimmer, und keiner kommt rein. Nein, nicht ins Krankenhaus, dahin gehe ich nie wieder!!"

„Gut ... Dann bleib' ruhig! Verstehst du? Beruhige dich, Faris! Bleibe ganz ruhig. Atme ruhig und gleichmäßig ein und aus. Hast du schon dein Spray genommen? Und bleibe bitte hier am Telefon, nicht auflegen! Hörst du? Faris …?"

Eine Weile nichts.

„Ich bin da. Aber was soll ich denn machen? Ich gehe nicht dorthin. Aber ich stehe auf dieser Liste ..."

„Auf was für einer Liste?"

„Auf der Faxliste. Da stehen alle Namen drauf. Die Namen von denen, die morgen Transfer haben. Die ist vorhin angekommen ..."

„Wie bitte? Einfach eine Liste? Per Fax? Kein persönlicher Bescheid?"

„Nein ..."

„Wie geht es dir jetzt? Kriegst du besser Luft?"

„Ein bisschen."

„Gut. Dann gib mir jetzt bitte einen halbe Stunde Zeit zum Nachdenken, was ich für dich tun kann. Ich kann dir nichts versprechen. Aber du steigst morgen nicht in diesen Bus ein! Steige auf keinen Fall morgen früh in diesen Bus!"

„Und wenn sie mich zwingen?"

„Keiner kann, keiner darf dich dazu zwingen! Wie geht es dir jetzt? Bist du allein?"

„Es geht, mein Freund ist bei mir. Der Mann vom Heim hat gesagt, er hat vergessen, eine Mail ans BAMF zu schicken, um dort zu sagen, dass ich krank bin."

„Wer wollte eine Mail schicken?"

„Der Mann von der Heimleitung, aber er hat es vergessen."

„Faris, hör zu: Ich lege jetzt auf und informiere mich darüber, was für Möglichkeiten wir haben. Ich melde mich, sobald ich eine Idee habe. Bitte gib mir eine halbe Stunde Zeit, ja? Bis nachher!"

Ich werde wahnsinnig! Der Mitarbeiter vergisst, die Behörden über einen der kränksten Bewohner dieser Einrichtung zu informieren? Warum versuche ich seit Wochen, für diesen Bewohner, für Faris Ashkani, eine praktikable Lösung für seine Behandlung und seinen Schutz zu finden, wenn man dann einfach mal *vergisst*, die Behörden darüber zu informieren? Bei allem Stress und bei aller Desorganisation, aber das darf nicht passieren! Unter Umständen steht dadurch Faris' Leben auf dem Spiel.

Zitternd vor Wut haue ich in die Tasten und muss erkennen, dass die Methode der Liste per Fax offenbar legitim ist und auch, dass nur gegen persönlich adressierte Bescheide überhaupt Rechtsmittel zulässig sind. Mit anderen Worten: Der Asylbewerber muss den Umstand seines Transportes einfach hinnehmen, Widerspruch dagegen ist nicht vorgesehen. Na, wir werden ja sehen, was alles möglich ist!

Faris ist schwer, um nicht zu sagen: lebensbedrohlich krank und auf keinen Fall reisefähig. Die Feststellung dessen unterliegt einer Einzelfallprüfung, die separat beantragt werden muss. Dann werden wir uns eben darauf berufen, eine Einzelfallprüfung beantragen und bis zum Vorliegen einer Entscheidung Aufschub des Transfers fordern. Und zwar noch heute Nacht!

Ich teile Faris mit, was ich vorhabe: Ich werde ein ärztliches Attest verfassen, in seinem Namen diesen Antrag stellen, alles zur zuständigen Außenstelle des BAMF faxen und Faris die Unterlagen auch noch persönlich aushändigen, damit er sie morgen vorlegen kann, sollte das Fax nicht ankommen oder etwas anderes Unvorhergesehenes passieren. Er soll unbedingt auf mich warten heute Nacht, aber es kann spät werden.

Dann fahre ich auf Arbeit, wo ich Zugriff auf die Krankenunterlagen von Faris habe, und schreibe ein höfliches, aber sehr bestimmtes Gutachten, in dem ich mich auf oben genannte Regelung berufe. Ich erkläre, dass Herr Ashkani die Busfahrt nach Reichenbach morgen früh definitiv nicht antreten kann und wird. Irgendwann gegen halb zwölf nachts verlässt das Fax meinen Schreibtisch, drei Exemplare den Drucker und ich meine Dienststelle in Richtung Hotel.

Faris steht mit einem Freund auf dem Parkplatz und erwartet mich schon. Er fällt mir um den Hals und sitzt gleich darauf als völlig aufgelöstes Häufchen Elend in meinem Auto. „Ich war heute so glücklich. Ich war so glücklich bei dir, und jetzt das! Warum, warum nur?“ Vor acht Stunden schien noch alles gut. So schnell kann sich das ändern.

Ich erkläre Faris, was in dem Brief steht (ihn noch ins Englische zu übersetzen, dafür hatte ich keine Zeit), und dass ein Exemplar für ihn selbst ist, das andere für die Heimleitung, das dritte zur Vorlage gegenüber demjenigen, der ihn vielleicht zwingen sollte, in den Bus zu steigen. Und noch einmal erläutere ich Faris eindringlich:

„Du steigst morgen früh auf keinen Fall in diesen Bus!“

Mir gelingt es, ihn etwas zu beruhigen. Gegen ein Uhr nachts verabschiede ich mich. Faris bedankt sich überschwänglich. Der Freund verneigt sich vor mir und nimmt mich danach ebenfalls in den Arm – was mich vor dem kulturellen Hintergrund der beiden sehr überrascht.

Felix hat von der ganzen Aktion zum Glück nichts mitbekommen und tief und fest geschlafen. Ich gehe um drei Uhr nachts zu Bett, aber Schlaf finde ich keinen. Vor allem plagen mich im Nachhinein Zweifel, ob ich richtig gehandelt habe. Aber das ist nun nicht mehr zu ändern. Das Fax liegt bei der Behörde. Wir müssen jetzt sehen, wie es weitergeht und den Gegebenheiten entsprechend kurzfristig entscheiden und handeln. Um fünf stehe ich wieder auf, weil ich die Gedankenspiralen im Kopf nicht mehr aushalte. Geschlafen habe ich nicht.

Acht Uhr. Der Bus ist weg, Faris im Hotel. Frau Richter ruft mich an, kurze Zeit später bin ich im Heim. Sie lobt meine Aktion sehr und entschuldigt sich – der Mitarbeiter hätte wirklich eine Mail an das BAMF schreiben sollen und diese tatsächlich vergessen. Eine Sachbearbeiterin des BAMF hat schon früh am Morgen angerufen und möchte mit mir sprechen.

Ich führe vom Büro des Heimes aus dieses Telefonat, der Ton ist rau und unfreundlich. Ja, man habe dem Antrag stattgegeben und sich für eine Einzelfallprüfung entschieden, aber so ginge das nicht, schließlich könnte da jeder kommen und eine Extrawurst verlangen. Ich erwidere höflich, aber bestimmt: Dieser Mensch, um den es hier geht, ist nicht jeder, sondern Faris Ashkani, ich bin auch nicht jede, sondern Cornelia Dürkhauser, Ärztin, und eine Extrawurst ist keine Extrawurst, wenn sie jemandem gesetzlich zusteht, Punkt!

Sicher ist, dass auch Faris die Erstaufnahme verlassen und in eine Übergangseinrichtung ziehen muss. Ich lasse mir jedoch zusichern, dass er nicht am anderen Ende Sachsens untergebracht wird, sondern in der Nähe bleibt. Sein Transfer soll morgen oder übermorgen nicht in einem Sammeltransport, sondern per begleitetem Transport im Taxi erfolgen, der Weg über die hundert Kilometer entfernte Außenstelle des BAMF ist aber unverzichtbar.

Auch Faris hat nicht geschlafen. Alle Landsleute sind heute früh mit dem Sammeltransport weg, nur er ist noch da. Allein im Zimmer. Keiner mehr da, der mit ihm seine Muttersprache teilt. Allein im geschlossenen Zimmer, das, womit Faris die größten Probleme hat. Wieder plagen mich die Zweifel: War das alles wirklich richtig? Er hat nicht geschlafen, nichts gegessen. Faris zeigt mir das, was sein Frühstück sein soll. Ein Rädchen Blutwurst neben einer Scheibe Toast. Also isst er wieder nichts. Ich habe den Eindruck, er wird von Stunde zu Stunde dünner.

„Nimm mich mit! Bitte lass mich hier nicht allein!"

Ich kann nicht, ich darf nicht. Er muss hierbleiben. Jederzeit kann das Fax mit seinen Transferdaten eingehen. Es kann in der nächsten halben Stunde kommen, aber auch heute Abend um zehn. Auch der Transfer selber kann schnell gehen. Faris muss sich dafür jederzeit bereithalten. Morgen oder übermorgen hat man mir zwar am Telefon gesagt, aber wer garantiert, dass es nicht doch schon heute Nachmittag ist? Alles ist möglich. Die Erfahrung zeigt, dass im allgemeinen Flüchtlingschaos auf Termine und Zusagen kein Verlass ist.

Dieses enge, stickige Zimmer, in dem Faris wohnt, raubt mir schon nach einer Stunde den Verstand. Draußen herumlaufen, wie noch vor ein paar Wochen, geht nicht. Faris ist dafür zu schwach. Aber ich kann nicht den ganzen Tag hierbleiben.

„Bitte geh nicht weg! Und wenn, dann nimm mich mit! BITTE!"

Faris stellt sich mir in den Weg. Ich bleibe noch eine Stunde. Und noch eine. Irgendwann gehe ich doch. Ich habe Felix versprochen, heute mit ihm in den Zoo zu fahren. Ich kann eh nur warten, egal ob im Heim, zu Hause oder im Zoo. Textnachrichten. Halte durch, du schaffst das. Alles wird gut. Ein paar liebe Worte sind alles, was ich im Moment habe.

Das Fax kommt abends. Faris steht nicht darauf. Noch eine schlaflose Nacht. Am nächsten Morgen kommt noch eine Liste, Faris steht auch auf dieser nicht. Es kommt kein Taxi.

„Noch einen Tag halte ich das nicht aus!"

„Doch, du schaffst das schon! Wir kommen dich nachher besuchen!"

Ich bin entschlossen, ihm etwas zu Essen zu besorgen und dann doch einen kleinen Spaziergang zu versuchen, denn in diesem Zimmer werde ich verrückt. Ich will gerade los, es ist gegen halb zehn vormittags, als mich eine SMS erreicht: „Nun doch zum BAMF, sitze im Taxi." Also doch heute. Endlich passiert etwas. Aber ohne Begleitperson. Hoffentlich geht das gut. Ich freue mich, habe aber Zweifel, dass man sich an das erinnert, was man mir gestern zugesichert hat. „Bitte gib mir deine neue Adresse, sobald du sie hast. Vielleicht sehen wir uns ja schon bald wieder", tippe ich zurück. Ehrlich gesagt, glaube ich nicht daran.

Stunden später, irgendwann am Nachmittag, erhalte die nächste Nachricht: „Ich bin auf dem Weg in deine Stadt, Perlacher Str. 16."

Ich bin positiv überrascht und erleichtert, Faris wird von der Erstaufnahme in ein Übergangswohnheim in meiner Heimatstadt verlegt! Wieder ein paar Stunden nichts, dann, am frühen Abend, ein Anruf: „Ich bin am Bahnhof Mitte, kannst du mich abholen?"

„Am Bahnhof Mitte? Wie kommst du denn dort hin? Bist du alleine, oder ist jemand bei dir?"

„Der Taxifahrer hat mich hier abgesetzt. Ja, ich bin alleine."

„Wie geht es dir?"

„Ich bin müde, hungrig und fühle mich, als ob ich gleich umkippe."

Um Gottes willen! Warum hat der Taxifahrer Faris nicht bis zur Perlacher Straße gebracht? Natürlich hole ich ihn ab, aber zum Bahnhof Mitte brauche ich mindestens eine halbe Stunde. Als ich dort ankomme, liegt Faris erschöpft auf einer Bank. Ich bin froh, ihn zu sehen. Als wir uns begrüßen, werden wir angepöbelt.

Vier Stunden hat man ihn beim BAMF warten lassen, mehrfach hat er nachgefragt, immer wurde er abgewiesen. Als er noch einmal nachfragte und dabei meinen Brief aus der Tasche zog, war man plötzlich sehr freundlich zu ihm und hat seine Belange innerhalb kürzester Zeit geregelt.

Faris zeigt mir seine Papiere. Ich traue meinen Augen nicht, als ich darauf zwei verschiedene Adressen finde. Auf dem offiziellen Zuweisungsbescheid steht Perlacher Straße 16, auf der neu ausgestellten Aufenthaltsgestattung Sandweg 38. Selber Ort, zwei Stadtteile, zwei Übergangswohnheime. Laut Zuweisungsbescheid hat er sich in der Perlacher Straße zu melden, und zwar heute noch. Also fahren wir dorthin, die Sache mit der anderen Adresse in seinen Papieren können heute sowieso nicht mehr klären.

In dem Übergangswohnheim hat der Hausmeister, der längst Feierabend hätte, extra auf Faris, die angekündigte Neuzuweisung, gewartet. Er empfängt uns freundlich, und Faris erhält seine Zimmerschlüssel. Doch als wir dieses Zimmer betreten, trifft mich der Schlag: Der Putz platzt von den Wänden, Schimmel wächst nicht nur um die beiden Fenster, sondern auch im Kühlschrank, Kabel hängen ungeschützt aus der Wand. Im Bad ist ebenfalls überall Schimmel. Das ist ein Loch, kein Zimmer! Das geht überhaupt nicht, schon gar nicht für einen geschwächten, unterernährten, knapp mit dem Leben davongekommenen Asthmatiker! Schimmel macht krank, und Faris noch kränker.

Der Hausmeister hört sich meine Einwände und meine Bitte um ein anderes Zimmer zwar verständnisvoll an, versichert mir aber, dass dies der einzige freie Platz ist und er leider kein anderes Zimmer zur Verfügung stellen kann. Eines steht fest: Hier kann Faris nicht bleiben.

Faris hat in Erfahrung gebracht, dass einige Landsleute aus der Erstaufnahme schon vor einiger Zeit in den Sandweg verlegt worden sind. Dort möchte er gern hin, dort hofft er auf einen Schlafplatz für die Nacht.

Er kann sich kaum noch auf den Beinen halten. Auf dem Weg zum Auto muss ich ihn stützen.

Doch als wir im Sandweg ankommen, erleben wir die nächste böse Überraschung: Vor dem Wohnheim sind Demonstranten mit Reichsflaggen und anderen einschlägigen Symbolen aufmarschiert. Sie grölen „Ausländer raus“ und „Sieg Heil“, sie tragen Springerstiefel, manche sind martialisch tätowiert, viele betrunken. Flaschen gehen zu Bruch, Böller fliegen. Dasselbe Bild wie vor wenigen Wochen im Nachbarort vor der dem Hotel. Die Polizei hat die umliegenden Straßen abgeriegelt. Es gibt kein Durchkommen, mit dem Auto nicht und zu Fuß erst recht nicht. Wir kommen von keiner Seite an das Wohnheim heran. Faris ruft seinen Freund an – die Türen sind verschlossen, niemand kommt herein, niemand kommt heraus. Die Situation ist bedrohlich. Wir haben Angst. Weg hier, ganz schnell weg hier. Doch wohin? Wo soll Faris die Nacht verbringen? Hier nicht. In dem verschimmelten Zimmer genauso wenig. In der Erstaufnahme? Dort darf er sich nicht mehr aufhalten. In einem Krankenhaus? Das lehnt er panisch ab, zu schlecht sind seine Erfahrungen. Faris sitzt neben mir im Auto. Es bleibt nur eine einzige vernünftige Möglichkeit. Als ich ihm diese Möglichkeit eröffne, lehnt er sie entsetzt ab.

„Aber wo willst du denn dann sonst schlafen?“

„Ich übernachte irgendwo im Freien, irgendeine Bank werde ich schon finden. Oder du bringst mich wieder zum Bahnhof.“

Jetzt reicht's aber! Das lasse ich nicht zu. Faris kann kaum noch gehen und hat heute bis auf ein paar Kekse und etwas Tee noch nichts zu sich genommen. Erneut unterbreite ich ihm meinen Vorschlag. Er lehnt wieder ab. Dann nimmt er sein Telefon und ruft jemanden an, mit dem er sich lange in seiner Muttersprache unterhält. Nach dem Gespräch stimmt er bereitwillig zu.

Woher plötzlich diese Wandlung?

„Ich habe meinen Vater gefragt. Er hat mir geantwortet: 'Du sollst immer das machen, was die Ärztin sagt!'“

Ich muss lachen und kann das nur mühsam unterdrücken: Der fünfundzwanzigjährige älteste Sohn holt sich das Einverständnis vom fünftausend Kilometer entfernten Vater, die Nacht in meiner Wohnung verbringen zu dürfen! Ich hatte Faris unser Gästezimmer angeboten ...

Es ist schon spät, als wir zu Hause ankommen. Heute koche ich nichts mehr, heute bemühe ich einen Lieferservice. In meiner Stadt gibt es ein Restaurant mit Speisen aus Faris' Heimatland. Ich möchte, dass er sich von dort etwas aussucht. Wieder lehnt er ab. Er möchte nicht, dass ich für ihn Geld ausgebe. Das ist ihm peinlich, auch, dass ich für ihn das Bett beziehe. Eine Decke auf dem Fußboden reicht doch auch. Alles viel zu viel Aufwand in seinen Augen:

„Nein, du hast schon so viel für mich getan! Nein, ich esse heute nichts mehr, das ist nicht so schlimm.“

Vor seinem kulturellen Hintergrund kann ich das sogar verstehen. Wer in seiner Heimat von jemandem etwas bekommt, Materielles wie Immaterielles, für den entsteht die moralische Pflicht, es gleichwertig zurückzugeben. Lieber nimmt man ein Angebot nicht an, als sicher zu sein, dass man es nicht zurückgeben kann. Faris ist sich sicher, dass er mir niemals etwas Gleichwertiges zurückgeben können wird. Er befindet sich in einer für ihn höchst beschämenden Lage. Seine so schlicht bekundete, aber aus tiefstem Herzen kommende Dankbarkeit, die mir Gabe genug ist, ist für ihn viel zu wenig. Er tut mir leid. Ich möchte ihm nur helfen und ihn nicht beschämen, tue es zwangsweise aber doch.

„Das bin ich alles nicht wert, ich bin doch nur ein Flüchtling…"

„Faris, was sagst du da? Du bist ein Mensch wie jeder andere auch! Du bist unser Gast, und du wirst genauso behandelt, wie ich alle meine Gäste behandle. Nur bin ich heute leider nicht auf Kochen vorbereitet. Das ist *mir* peinlich! Deshalb bestellst du jetzt bitte sofort etwas zu essen." Und mit einem Augenzwinkern: „Denk' daran, was dein Vater dir gesagt hat: Mache immer das, was die Ärztin sagt!"

„Aber nur, wenn ihr mitesst!"

„Natürlich essen wir mit! Du bestellst für alle, worauf du Appetit hast. Ich bin schon gespannt, was man bei euch isst. Ich freue mich darauf, das zu probieren."

Erschöpft beenden wir diesen Tag. Am nächsten Morgen geht es Faris besser. Er hat zum ersten Mal seit Wochen wieder richtig geschlafen.

Nach dem Frühstück bringe ich in Erfahrung, dass Faris einen Antrag auf Umverteilung stellen muss, wenn er in eine andere Übergangseinrichtung ziehen will. Schriftlich, formlos, in deutscher Sprache, mit ausführlicher Begründung und eigenhändiger Unterschrift. Das Schreiben habe ich schnell erstellt, eine medizinische Beurteilung gibt es sowieso. Die früheren Befunde hat Faris bei sich, die fügen wir als Kopie dem Antrag an. Zur Ausländerbehörde wegen der Papiere gehen wir erst, wenn die Adresse endgültig feststeht.

Faris bedankt sich wieder und wieder. Er möchte jetzt gern zu seinen Landsleuten, in das Heim, das gestern Abend unzugänglich war. Jetzt ist dort alles friedlich.

11 – Du lügst!

Der randalierende Mob breitet sich aus wie ein Flächenbrand. Immer mehr Städte in Sachsen, immer mehr Heime sind betroffen. Sogar die Tagesschau berichtet. Vertreter der sächsischen Landesregierung kommen, am Ende auch Frau Merkel. Sie versuchen zu beschwichtigen und zu retten, was zu retten ist. Zu spät. Ausrichten können sie nichts.

Es ist Sonntag, ich habe Bereitschaftsdienst auf der Intensivstation. Vom Pflegepersonal werde ich auf die Flüchtlinge angesprochen. Ich freue mich darüber, hoffe auf ein konstruktives Gespräch und eine sachliche Diskussion.

„Wie ist es denn da in diesem Heim?“

„Vor allem sehr eng. Die Zimmer sind klein. In Dreibettzimmer wurden teilweise Doppelstockbetten gestellt, um sie mit sechs Personen belegen zu können. Es ist aber nur Platz für drei schmale Metallspinde und auch nur für einen kleinen runden Tisch mit drei Klappstühlen. Immer zwei müssen sich einen Spind teilen, der eigentlich sogar für einen zu klein ist, und gemeinsam am Tisch sitzen können sie nie. Manchmal sind Angehörige aus drei oder vier Nationen auf solch ein Zimmer verteilt. Es kann auch sein, dass jemand dreimal in der Woche ein anderes Zimmer zugewiesen bekommt. Die wenigsten Zimmer haben eine eigene Nasszelle. Die, die eine haben, sind Familien vorbehalten. Die Bäder und Toiletten sind auf dem Flur. Die Küchen dürfen nur von den Familien genutzt werden, es gibt teilweise Schwierigkeiten mit der Essensversorgung. Und langweilig ist es den Bewohnern. Das verstärkt deren Probleme. Viele sind gesundheitlich und psychisch angeschlagen, die meisten haben Angst. Die Leute haben nichts zu tun, sie müssen warten, auf alles warten. Sie können die Dauer des Wartens nicht beeinflussen, denn darüber entscheiden die Behörden ..."

„Das stimmt doch alles gar nicht!", werde ich rüde unterbrochen. „Denen geht es doch gut hier! Die leben dort oben wie die Maden im Speck! Dass du dich um die kümmerst und da immer hingehst! Da wird man doch ständig dumm angemacht von diesen Ausländern!"

„Ich bin noch nie dumm angemacht worden. Im Gegenteil, die sind alle sehr höflich und zuvorkommend zu mir und vor allem sehr dankbar."

„Du lügst doch!"

„Wieso sollte ich lügen? Wie oft warst du denn schon in dem Hotel?"

„Kein einziges Mal, und ich gehe da auch ganz bestimmt nicht hin!"

„Aber du hast doch gerade gesagt, du wirst dort ständig dumm angemacht?"

„Na ja, man hört das ja immer, auf der Straße und so ..."

„Wie oft bist du persönlich denn schon von Asylbewerbern dumm angemacht worden?"

„Ich passe da schon auf, dass die mir nicht zu nahe kommen und dass ich nicht dumm angemacht werde. Ich gehe nicht mehr 'raus, seit die da sind … Die sind doch alle kriminell und frauenfeindlich!“

„Wie viele Flüchtlinge kennst du denn persönlich? Mit wie vielen hast du schon gesprochen? Wie viele Fluchtgeschichten kennst du?“

„Gott bewahre! Keinen Einzigen kenne ich, und dabei wird es auch bleiben. Ich bin froh, wenn ich mit denen nichts zu tun habe!“

Meine Erfahrungen zählen nichts. Vielen ist jegliche Empathiefähigkeit abhandengekommen. Die Meisten lieben und pflegen ihre Vorurteile und sind überhaupt nicht bereit, sich für andere Perspektiven zu öffnen. Es liegt am Wollen. Sie wollen einfach nicht. Ich kann vor allem nicht verstehen, dass ausgerechnet medizinisches Personal so denkt.

Es hat keinen Zweck. Reden ist Silber, Schweigen ist Gold. Resigniert stelle ich das fest. Es stimmt mich nachdenklich. Das Arbeitsklima hat sich deutlich abgekühlt. Zu Leuten, mit denen ich bisher gut auskam, fehlt auf einmal die gemeinsame Basis. Man distanziert sich demonstrativ und lehnt nicht nur mein Tun ab, sondern auch mich selbst. Wer verhält sich hier eigentlich respektlos? Niemals in all den Jahren hat sich je ein Flüchtling mir gegenüber respektlos verhalten, Deutsche jedoch sehr, sehr oft.

Fünfzehn Kilometer entfernt eskaliert zur selben Zeit erneut die Gewalt. Im Radio des Aufenthaltsraumes laufen die Nachrichten. Es gibt Personal, das gut findet, was da gerade passiert. Warum nur dieser Hass? Warum kein Miteinander? Warum? Die Worte des Nachrichtensprechers hämmern in meinem Kopf. Hört doch endlich auf mit der Gewalt! Es ist doch viel besser und so einfach, ein wenig Freude zu schenken. Ich bin traurig. Was haben diese Menschen denn getan, dass sie gehasst werden? Sind sie im falschen Land geboren? Haben sie die falschen Namen? Die falsche Religion? Das falsche Aussehen? Ist das denn deren Schuld? Was haben sie getan, dass man Anschläge auf sie verübt, ihre Unterkünfte niederbrennt, Naziparolen brüllt? Dieses erbärmliche Leben in den Erstaufnahmen, dieses langweilige, zermürbende Nichtstun, muss man das durch Hass und Gewalt noch schlimmer machen? Ich verstehe es nicht und werde es nie verstehen. Den Rest des Dienstes verbringen wir, von fachlich unbedingt notwendigen Gesprächen abgesehen, schweigend. Die Atmosphäre ist eisig.

Ich bin müde nach meinem Zwölfstundendienst. Zu Hause läuft der Fernseher. Spätnachrichten. Wieder flimmern die gleichen, altbekannten Szenen in der Tagesschau. Die Polizei hat die Situation jetzt weitgehend unter Kontrolle.

Mein Handy klingelt.

„Ich bin es, Faris. Hier ist ein großes Problem, Nazis haben eine Bombe ins Fenster geworfen! Das Fenster ist kaputt und die Lampe auch und die Bettdecke hat gebrannt, aber das haben wir schnell gelöscht. Wir saßen zu viert auf dem Bett, als die Bombe genau zwischen uns fiel. Wir sind aufgesprungen und haben uns unter den Betten versteckt. Es ist niemand verletzt, aber wir haben alle große Angst. Hoffentlich kommt die Polizei bald …“

Nun also auch hier wieder. Es macht mich betroffen. Wann hört das endlich auf? Wenn man diese Menschen nicht mag, kann man sie dann nicht einfach in Ruhe lassen, ihnen aus dem Weg gehen? Ich schäme mich.

„Wir sind das Volk.“ Wir? Nein, das Volk, das diese Parole brüllt, ist mein Volk definitiv nicht. Im Gegenteil: Manchmal schäme ich mich, eine Deutsche zu sein. Der Anschlag auf Faris‘ Unterkunft war nicht einmal eine Randnotiz in der Zeitung wert. So sehr gehört das zum Alltag, so „normal“ ist das … Ja, ich schäme mich.

Soll ich mich maßlos ärgern über die unwürdigen, menschenverachtenden Umstände, oder mich freuen an dem verschwindend geringen Anteil, den ich dazu beitragen kann, um das zu ändern? Ich glaube, ich werde mich in Zukunft auf Letzteres konzentrieren.

Beim Ausländeramt. Im selben Gebäude wie das Bürgerbüro, aber mit separatem Eingang, um die Ecke. Concordiastraße 11: Ordnungsamt. Concordiastraße 13: Meldestelle. Concordiastraße 15 – kein Schild weist darauf hin, was sich hinter diesem Eingang verbirgt. Nur die wenigsten Einheimischen kommen wohl je durch die Tür. Dahinter: ein langer, trister, grauer Gang, viele hohe, triste, graue Türen, dazwischen ein paar vereinzelte Stühle, viel zu wenige. Dafür viele Schilder, an jeder Tür eins, ein jedes mit derselben Aufschrift in deutscher Sprache – und *nur* in deutscher Sprache:

„Bitte erscheinen Sie pünktlich zu Ihrem
Termin! Klopfen Sie EINMAL
und warten Sie dann!“

Und Menschen. Viele Menschen. Viele, viele, viele Menschen. Die Stühle reichen nicht. Manche sitzen auf dem Boden, die meisten stehen. Gedrängt. Dicht an dicht. Still. Nervös. Ratlos. Ängstlich. Erschöpft. Müde. Manche ausgemergelt, manche in Lumpen. Mit Papieren in ihren

Händen, die sie nicht lesen können. Ein Sikh im typischen Turban sticht heraus, zwei Schwarzafrikaner heben sich ebenfalls aus der Menge ab. Doch zwei Personen fallen ganz besonders auf, sie scheinen so gar nicht hierher zu passen und wirken wie Fremdkörper: zwei deutsche Frauen. Die eine begleitet einen der Afrikaner, die andere bin ich. Ich bin mit Faris hier. Alle anderen sind allein.

Wir stehen im Gang, Sitzgelegenheit aussichtslos. Faris ist angespannt. Ich meine zwar zu wissen, wozu diese Ladung zum heutigen Termin dient, aber aus dem Schreiben geht das nicht hervor. Ich weiß genauso wenig wie Faris, was ihn hinter Tür Nr. 55/57 erwartet. Auch an Tür 55/57 prangt das Schild. Bitte erscheinen Sie pünktlich zu Ihrem Termin! Klopfen Sie EINMAL und warten Sie dann!

Wir sind pünktlich, wir klopfen einmal und warten dann. Und warten. Und warten. Die Zeit unseres Termins ist längst verstrichen. Es ist während der ganzen Wartezeit niemand in Tür Nr. 55/57 hineingegangen und niemand aus ihr herausgekommen. Klopfen Sie einmal und warten Sie dann.

Während alle anderen stoisch und regungslos warten, steht neben uns ein aufgeregter Mann. Er wirkt ratlos und verzweifelt. Er kam nach uns, hat schon mehrfach an Tür 55/57, durch die noch niemand ein- und ausgegangen ist, geklopft und wundert sich, dass niemand öffnet. Immer wieder schaut er auf das Papier in seinen Händen. Immer wieder schaut er sich in alle Richtungen um, immer wieder eilt er zu all den anderen Türen, kommt zurück, klopft noch einmal an Tür 55/57 und – wartet …

Ich spreche ihn an und frage, ob ich ihm helfen kann. Er versteht mich nicht, wirkt irritiert und erschrocken. Ich wiederhole meine Frage, freundlich, langsam, Wort für Wort, auf Englisch. Er hat mich offenbar immer noch nicht verstanden, aber er strahlt mich plötzlich übers ganze Gesicht an.

„Syria, I from Syria!", antwortet er in gebrochenem Englisch. Faris fragt ihn in seinerseits gebrochenem Arabisch, ob ich irgendwie helfen könne. Der Syrer hält mir hoffnungsvoll sein Papier hin. Sein Termin war bereits eine halbe Stunde vor dem von Faris. Wir erklären ihm, dass er zu spät ist, mit Händen und Füßen und je ein paar Worten Englisch und Arabisch.

„Ja, ich weiß, aber ich bin in die falsche Straßenbahn gestiegen und habe die Adresse nicht gefunden", reimen wir uns aus seinen verzweifelten Worten zusammen.

Wie kann man all diese Menschen nur alleine zu Behördengängen losschicken!? Ich versuche, ihn zu beruhigen. Wir erklären ihm, was auf den Schildern steht, dass es nichts bringt, wenn er jetzt noch öfter klopft, und dass er einfach warten soll.

In dem Moment öffnet sich plötzlich Tür Nr. 55/57, und Faris wird hereingerufen, ohne dass vorher jemand herausgekommen wäre. Der mürrische Blick des Beamten hellt sich augenblicklich auf, als ich unaufgefordert das Zimmer mit betrete.

„Sie übersetzen dann wohl jetzt?“, wendet sich der Beamte an mich, ohne Faris eines einzigen Blickes zu würdigen, geschweige denn, ihn zu grüßen.

„Wenn Sie Englisch sprechen, können Sie sich auch selber mit Herrn Ashkani unterhalten.“

„Oh, aha ..., ähm ..., natürlich ..., das ist kein Problem!“

Ach nein? Kein Problem? Wenn der Wille da ist, dann spricht man in den Amtsstuben, in denen sonst stets geflissentlich betont wird, dass unsere Amtssprache Deutsch sei, wohl doch auch Englisch? Die Flüchtlinge haben schon recht, wenn sie feststellen, dass oft überhaupt nicht das Bemühen um Verständigung da ist.

Meine Vermutung war richtig. Eigentlich geht es bei diesem Termin um nichts weiter als um die Ausstellung einer neuen Aufenthaltsgestattung mit der nun korrekten Adresse, eine Belehrung über Residenzpflicht und Arbeitssuche sowie die Aushändigung von Informationsmaterial in einer Tüte, auf der in großen Lettern „Schön, dass Sie jetzt hier zu Hause sind“ prangt. „Schön“ und „zu Hause“? Mehr Zynismus geht wohl kaum!

Jedenfalls ist Faris‘ Termin in zehn Minuten erledigt. Beim Verlassen des Raumes mache ich den Beamten auf den zu spät gekommenen Syrer aufmerksam.

„Ach, ist der jetzt auch schon da?"

„Er hat die Adresse nicht gefunden und die falsche Bahn genommen!"

„Ach was, das behauptet hier jeder."

Wie bitte? Keine fremdsprachigen Informationen herausgeben, aber nicht glauben, dass die Adresse nicht gefunden wurde und absichtliche Verspätung unterstellen? Ich fasse es nicht und sage das dem Beamten auch.

„Na ja, dann nehme ich den jetzt als Nächsten dran ...", entgegnet er beschwichtigend.

Diese Information geben wir draußen an den Syrer weiter – mit Händen und Füßen und je drei Worten Englisch und Arabisch. Ich habe noch nie erlebt, dass sich jemand für ein paar wenige Worte so überschwänglich freut und bedankt. Er findet gar kein Ende. Immer wieder, immer wieder. Als der Syrer tatsächlich als nächster durch Tür Nr. 55/57 tritt, lassen wir die traurigen Gestalten in dem langen, grauen, tristen Flur mit den vielen hohen, grauen, tristen Türen und den wenigen Stühlen zurück. Ich bin immer noch fassungslos. Das geht doch überhaupt nicht, man kann diese Menschen doch nicht alle hier alleine stehen lassen!

Es ist hochsommerlich heiß draußen, weit über dreißig Grad. Die Wasserflaschen sind unsere wertvollsten Begleiter, und der angenehmste Ort ist das klimatisierte Auto. Ich mache mir Sorgen, denn die letzten Tage waren bei Faris wegen der Hitze von Asthma, Kopfschmerzen und Kreislaufproblemen geprägt. Gestern erst war deswegen wieder der Rettungsdienst bei ihm.

„Weißt du", strahlt er mich auf einmal an, „obwohl es heute genauso heiß ist, geht es mir richtig gut! Ich kann gut atmen und habe auch sonst keine Beschwerden, keine Kopfschmerzen, gar nichts!"

Das erübrigt meine Nachfrage.

Und nun? Was machen wir mit dem Rest des Tages? Ich bringe es nicht fertig, ihn schon wieder zurückzubringen. Faris hat inzwischen ein ordentliches, schimmelfreies Zweibettzimmer in einem anderen Wohnbereich der Übergangseinrichtung bezogen. Im ganzen Heim ist er der einzige seiner Nationalität und kann sich mit niemandem in seiner Muttersprache unterhalten. Deshalb fühlt er sich dort nicht wohl und vor allem sehr einsam, trotz der Möglichkeit, sich ein wenig auf Arabisch zu verständigen. Nähere Kontakte oder gar Freundschaften zu Mitbewohnern entstehen nicht. Auch zu seinem Zimmergenossen bleibt dauerhaft eine große Distanz.

Ich lade Faris kurz entschlossen zu mir ein. Wie immer sitzen wir zusammen, trinken Tee und reden. Fotos. Videos. Erinnerungen. Familie. Heimat. Heimweh. Er lädt mich ein, sein Land und seine Familie zu besuchen. Irgendwann.

„Wenn ich gewusst hätte, was mich hier erwartet, wäre ich nicht gegangen, sondern hätte alles weiter ausgehalten. Mir ging es sehr, sehr schlecht in meinem Land, aber ich war frei. Hier, hier fühle ich mich wie im Gefängnis. Warum darf ich nicht arbeiten gehen? Warum darf ich kein Geld verdienen? Ich will kein Geld von Deutschland! Ich will arbeiten und mir eine Wohnung suchen! Warum darf ich mir keine eigene Wohnung suchen? Warum muss ich immer in diesem Zimmer sitzen? Ich bin doch kein Verbrecher! Es ist wie im Gefängnis ..."

Trostlosigkeit. Tatenlosigkeit. Zu viel Zeit zum Nachdenken. Und zum Verzweifeln. Zwei Monate geht das nun. Schon. Erst. Es zehrt an den Nerven. Es zermürbt. Andere leben schon Jahre so, Faris erst zwei Monate ... Heimweh. Unsicherheit. Angst.

Angst vor allem und jedem. Angst, zurückgeschickt zu werden. Angst hierzubleiben. Angst vor der Zukunft. Angst vor den Nazis. Angst vor Anschlägen. Angst vor dem nächsten Asthmaanfall. Angst vor dem Alleinsein. Angst vor zu vielen Menschen. Angst. Nun auch draußen. Angst vor dem Verlust der wenigen Beziehungen. Angst, dass ich ihm eines Tages meine Unterstützung verweigern könnte. Das äußert er ganz offen. Es erschüttert mich. Warum sollte ich das tun? Ich dachte, Faris vertraut mir? Ja, aber nie völlig. Zu schlecht sind die Erfahrungen. Und doch, gleichzeitig:

„Ich habe so ein Glück, dass ich dich getroffen habe, so ein großes Glück! Du tust so viel für mich ... Du gehst arbeiten, du hast deine Familie, und doch verbringst du Zeit mit mir. Ich bin dir so dankbar dafür!"

Bei mir gibt es WLAN. Faris skypt mit seiner Mutter. Sie möchte mit mir reden. Ich staune: eine moderne, junge Frau. Ich weiß, sie ist ungefähr so alt wie ich. Aber ich habe sie mir völlig Anders vorgestellt. Sie entspricht überhaupt nicht dem Stereotyp einer muslimischen Frau. Sie trägt westliche Kleidung und ihre langen Haare hochgesteckt, genau wie ich. Kein Kopftuch. Sie spricht kein Englisch, Faris übersetzt. Wir plaudern, ein bisschen verlegen. Sie ist mir sympathisch. Zum Abschied sagt sie zu mir:

„Bitte pass' mir gut auf meinen Jungen auf!“, und an ihn gewandt: „Mach immer das, was dir die Ärztin sagt!“

Als Felix aus der Schule kommt, gehen wir gemeinsam Eis essen. Ein winziges Stück Normalität für Faris. Raus aus dieser Tristesse. Normal leben. Mit Freunden unterwegs sein, in einer Eisdiele sitzen. Frei sein. Frei sein? Das ist schwer, wenn man als Asylbewerber in Deutschland lebt. Das gesamte Leben wird reglementiert. Als wir die Eisdiele verlassen, wiederholt Faris noch einmal, was er am Vormittag schon festgestellt hat:

„Mir geht es so gut! Wenn ich bei euch bin, habe ich gar keine Beschwerden. Ich fühle mich gut. Ich kann laufen, meine Beine machten mit. Wie kommt das nur? Danke, dass du mir diesen Tag heute so schön gemacht hast!“

Wie das kommt? Faris braucht keine fünf verschiedenen Asthmamittel und auch kein Kortison. Was Faris braucht, ist etwas völlig anderes.

Einen Tag später hat Faris ein banales Problem und bittet mich um eine Lösung. Ich ermutige ihn, selbst nach einer Lösung zu suchen.

„Ich tue nichts, ohne dich zu fragen!"

Also doch Vertrauen? Oder eher Abhängigkeit? Letzteres ist schlecht. Faris muss auch allein zurechtkommen, wenn er hier Fuß fassen möchte. Ich kann ihm nicht alles abnehmen. Nur helfen. Auch und in erster Linie, sich selbst zu helfen. Aber das ist nach zwei Monaten wahrscheinlich zu viel verlangt. Alles zu früh, alles zu frisch. Aber was, wenn sein Leben tatsächlich noch Jahre so weitergeht? Dieses Leben ist zerstörerisch. Es ist nicht menschenwürdig. Es vernichtet Psyche und Existenz. Spätestens hier werden auch die traumatisiert, die es durch Krieg und Flucht noch nicht sind. Aber was ist mit den anderen, mit all denen, denen niemand hilft?

13 – Hausbesuche

Die Situation im Hotel wird immer prekärer. In immer kürzeren Abständen kommen neue Flüchtlinge an, Männer, Frauen, Kinder. Immer mehr haben gesundheitliche Probleme. Obwohl die Liste der Niedergelassenen, die bereit sind, Flüchtlinge zu behandeln, erfreulich gewachsen ist, wird es immer schwieriger, die Neuankömmlinge angemessen zu behandeln. Das größte Problem für die Mitarbeiter der Erstaufnahme ist, die Dringlichkeit und die Erkrankungsschwere einzuschätzen.

Eines Tages ruft mich Frau Richter an und bittet mich zu sich in ihr Büro. Sie hätte da vier, fünf Kranke im Heim, von denen sie absolut nicht weiß, was sie mit ihnen machen soll. Einer war schon bei einem Arzt, aber es geht ihm jetzt schlechter, und einen neuen Termin kann sie zeitnah nicht für ihn bekommen. Außerdem ist ein seit Tagen hoch fieberndes Kleinkind dabei, was bislang in jeder Praxis abgelehnt wurde, das sie aber auch nicht in die Notaufnahme schicken will, denn sie sei schon harsch gerügt worden, weil so viele Asylbewerber im Krankenhaus vorstellig werden.

Ein weiteres großes Problem ist der Nachschub von Behandlungsscheinen. Die Mitarbeiter des Heimes haben solche Vordrucke zwar da und dürfen sie auch ausgeben, müssen sich aber für jeden einzelnen Schein bei der übergeordneten Stelle rechtfertigen.

Mit meiner gepackten Arzttasche folge ich dem Hilferuf von Frau Richter.

Alle Patienten, die ich an diesem Tag sehe, sind so krank, dass sie auf jeden Fall eine rasche Behandlung brauchen. Ich suche sie in ihren Zimmern auf und mache sozusagen Hausbesuche. Sie alle sind sehr dankbar für die Hilfe, die ihnen zuteilwird. Das kleine Kind zahnt, es hat einen heftigen Atemwegsinfekt und eine Mittelohrentzündung. Die ganze Familie, die zu fünft in einem zwölf Quadratmeter großen Zimmer lebt, hat schon tagelang nicht mehr richtig geschlafen, weil das jüngste Geschwisterchen ständig schreit. Auch die beiden älteren Kinder sind erkältet. Der Mutter kommen die Tränen, als ich ihr nicht nur Paracetamol für das jüngste, sondern ungefragt auch Hustensaft für die älteren da lasse.

Zwei der Patienten möchte ich gern in ein paar Tagen noch einmal sehen, und so hinterlasse ich gleich bei Frau Richter den Termin für meinen nächsten Besuch. Es bleibt natürlich nicht bei den beiden Patienten, Frau Richter hat noch mehr Kranke für mich.

Bald habe ich so viel zu tun, dass ich Chrissi bitte, sich mit mir in die Hausbesuche zu teilen. In unregelmäßigen Abständen – manchmal alle zwei Wochen, manchmal alle zwei Tage – werden uns Patienten zur Behandlung vorgestellt. Eine Zeit lang geht das gut.

14 – Polizeieinsatz vor der Arztpraxis

In den meisten Herkunftsländern der Flüchtlinge ist es, vor allem in ländlichen Gebieten, üblich, dass man jederzeit vor der Tür eines Heilkundigen erscheinen und um Hilfe bitten kann. Termine sind eher unüblich, Öffnungszeiten relativ. Wohnung und Praxis sind auch oft eins. Man geht zum Haus des Arztes, klingelt an dessen Tür und wird nicht abgewiesen, auch nicht zu ungewöhnlichen Tageszeiten.

Zwei junge Männer, erst wenige Tage in Deutschland, einer von ihnen krank, kannten nur dieses System. Sie wussten noch nichts über Behandlungsscheine und Terminvergaben und dass sie sich an die Heimleitung wenden müssen, wenn sie einen Arzt aufsuchen wollen. Auf ihrem Weg durch den Ort kamen sie an einem Haus vorbei, in dessen Erdgeschoss sich eine Arztpraxis befindet, die eindeutig als solche erkennbar ist. Die Praxis war geschlossen, denn die Mitarbeiter hielten gerade ihre Mittagspause. Der Pausenraum ist durch ein Fenster vom Fußweg aus einsehbar.

Die beiden jungen Männer wollten die Praxis betreten, fanden sie aber verschlossen. Das Schild mit den Öffnungszeiten konnten sie nicht lesen. Sie versuchten noch einmal, die Tür zu öffnen, vergeblich. Sie betätigten die Türklingel. Niemand öffnete. Sie klingelten noch drei oder vier Mal, aber es öffnete wieder niemand. Sie konnten sich nicht erklären, wieso sie das Praxispersonal da drinnen sitzen sahen, sie aber keinen Einlass bekamen. Im Gegenteil, die Leute drinnen gestikulierten wild und schienen wütend zu sein. Warum durften sie nicht hereinkommen? Am Schluss klopfte einer der beiden an das Fenster.

Die Mitarbeiter fühlten sich in ihrer Pause gestört. Sie waren genervt und reagierten zunehmend wütend auf das wiederholte Klingeln. Auf die Idee, einmal zu fragen, was die beiden denn eigentlich möchten, kam niemand. Von dem, was in den Heimatländern der Flüchtlinge üblich ist, wusste das Personal genauso wenig, wie die Flüchtlinge um deutsche Gepflogenheiten. Als am Ende gar an das Fenster geklopft wurde, fühlte sich das Praxispersonal bedroht und rief die Polizei.

Die beiden jungen Männer verstanden die Welt nicht mehr, als auf einmal ein Streifenwagen neben ihnen hielt, dessen Besatzung sie zum umgehenden Verlassen der Örtlichkeit und zur Rückkehr in die Erstaufnahme aufforderte. Sie wollten doch nur zum Arzt, weil einer von ihnen krank war! Sie haben doch nur versucht, die Praxismitarbeiter auf sich aufmerksam zu machen und dazu zu bringen, sie einzulassen!

Ein Versuch der Angestellten, die Situation zum beiderseitigen Verständnis aufzuklären, hat nicht stattgefunden. Das Personal fand stattdessen sein Vorurteil vom unflätigen und bedrohlichen Ausländer bestätigt, die Flüchtlinge ihres von den unfreundlichen Deutschen, die einem

Kranken die Behandlung verweigern. Erst über ein Jahr später klärte sich dieses Missverständnis auf, als ich einen öffentlichen Vortrag über „Interkulturelle Kommunikation im Gesundheitswesen“ hielt und dabei zufällig auch Vertreter jener Praxis anwesend waren.

15 – Exkurs: Das Fremde und die Angst

Als fremd wird all das empfunden, was nicht in das jeweilige individuelle oder kollektive Weltbild passt. Obwohl es im subjektiven Empfinden große Unterschiede in der Wahrnehmung und Bewertung des Fremden gibt, herrscht doch große Einigkeit darüber, dass Fremdheit und Fremdsein unangenehme Gefühle sind. Unangenehme Gefühle will jeder Mensch so schnell wie möglich loswerden. Das kann auf zweierlei Weise geschehen, nämlich durch „weglaufen", (wegsehen, ignorieren, negieren) oder durch „sich stellen", der (vermeintlichen oder realen) Gefahr ins Auge sehen, sich damit und mit seinen eigenen Gefühlen auseinandersetzen.

Die meisten Menschen werden weglaufen, denn das „sich stellen" macht zunächst Angst. Angst vor dem Neuen, vor dem Unbekannten, vor dem „wie geht es weiter", dem wie kann, wie will und wie möchte ich damit umgehen. Diese Reaktion ist völlig normal.

Indem man sich der vermeintlichen oder realen Gefahr stellt und bewusst mit der fremden, Angst auslösenden Situation auseinandersetzt, umso weniger angstauslösender und umso vertrauter wird diese Situation. Je vertrauter etwas ist, desto weniger Angst macht es. Sich stellen ist also der erste Schritt, um die Angst zu überwinden, der erste Schritt hin zu Toleranz, Akzeptanz, Perspektivwechsel, für Respekt und Verstehen. Dafür bedarf es nicht nur Aufklärung über interkulturelle Besonderheiten in alle Richtungen, sondern vor allem der Offenheit und des Wollens. Sich stellen ist in gewisser Weise anstrengend, denn es erfordert die aktive, persönliche Auseinandersetzung mit der Situation. Dazu muss man bereit sein. Je offener man mit dem Fremden umgeht, umso schneller und besser kann es verstanden werden, und umso eher wird es weniger fremd oder sogar vertraut.

Was man versteht, ist zwar immer noch anders, aber es macht keine Angst mehr. Die Angst vor Fremdem ist überdies anerzogen oder basiert auf negativer Erfahrung: Kleine Kinder gehen bekanntlich noch mit großer Neugier auf alles Fremde zu.

Muss man deswegen alles verstehen? Nein, auf keinen Fall! Ein gewisser Grad von Fremdheit ist wichtig zur Bildung von individueller und kollektiver Identität und von Wertvorstellungen. Dennoch muss man sich davor hüten, von kollektiver auf individuelle Identität zu schließen (bestes Negativbeispiel: „Alle Muslime sind Terroristen.“) und Konflikte zu kulturalisieren („Alle Flüchtlinge sind laut und unordentlich.“). Solche Fehlschlüsse von kollektiver auf individuelle Identität tragen ganz wesentlich dazu bei, dass sich Vorurteile verhärten und neue Konflikte entstehen. Grundsätzlich neigen darüber hinaus alle Menschen dazu, die eigene Kultur als überlegen anzusehen.

Unterschiedliche Wertvorstellungen und daraus resultierende Entscheidungen müssen jedoch immer respektiert werden – auch wenn man sie persönlich nicht verstehen kann. Daraus resultiert im Idealfall Kultursensibilität:

„Ziel der Kultursensibilität ist es, die Wahrnehmung für die eigenen Normen und Werthaltungen zu schärfen und den Blick für das Fremde zu öffnen. Dies bedeutet einen respektvollen und feinfühligen, aber auch auseinandersetzenden und distanzierenden Umgang mit der *eigenen* und der *anderen* Kultur.“ [6]

Mehr Perspektivwechsel und Kultursensibilität wäre zwar für das Gros der Gesellschaft wünschenswert, ist aber als Pflicht für Menschen in Gesundheitsberufen zu fordern. Dabei werden kulturelle Differenzen oft überbewertet. Unterschiede bestehen in erster Linie in der Erfahrung, Bewertung, Beschreibung, Erklärung und Behandlung von Krankheitsgeschehen, nicht aber im Leiden an sich. Kulturelle Unterschiede beeinflussen die Akzeptanz unseres Handelns weniger als Respekt, Freundlichkeit, Vertrauen und andere „soft skills“ – nicht nur im Gesundheitswesen, sondern in der Gesellschaft allgemein.

Wir alle sollten uns bewusst sein, dass nicht nur wir ein Problem oder gar Angst vor der Fremdheit der Flüchtlinge haben, sondern dass es den Flüchtlingen umgekehrt mit uns ganz genau so geht.

16 – Panik

Eines Abends bekomme ich einen aufgeregten Anruf:

„Ich kann nicht hierbleiben, ich muss ganz schnell weg! Kann ich zu dir kommen? Ich bin schon an der Straßenbahn …“

„Was ist denn passiert?“

Faris erklärt es mir nicht. Es scheint ihm wieder einmal nicht gut zu gehen. Er braucht mit Bahn und Bus eine Dreiviertelstunde bis zu mir. Ich biete ihm an, ihn abzuholen, aber er lehnt ab. Wir telefonieren fünfundvierzig Minuten lang, die gesamte Fahrt über. Mehrfach versuche ich, das Gespräch zu beenden, denn wir sehen und ja sowieso gleich. Aber Faris verwickelt mich immer wieder in neue Inhalte. Ich wundere mich darüber, auch, dass Faris sich tausendmal dafür bedankt, dass ich nicht aufgelegt habe.

Als er endlich bei mir ist, wirkt er erschöpft und erleichtert zugleich. Noch einmal frage ihn, was denn passiert ist, dass er nicht in seiner Unterkunft bleiben kann.

„Ich bin krank. Aber dagegen gibt es keine Medizin. Ich habe noch nie in meinem Leben über meine Probleme gesprochen, noch nicht einmal mit meinen Eltern. Immer ist alles in mir drin geblieben. Das macht mich krank. Deswegen bin ich krank, weil immer alles in mir drin geblieben ist.“

Jetzt scheint er sich der Tatsache stellen zu können, dass seine Beschwerden nicht allein körperliche Ursachen haben. Ich habe das schon lange gewusst.

„Ich halte das nicht mehr aus. Ich halte es nicht mehr länger aus! Wenigstens du sollst wissen, was mit mir wirklich los ist."

Faris redet. Und redet, und redet, und redet. Über all das, über das er immer glaubte, nicht reden zu können. Faris kehrt sein Innerstes nach außen, er schüttet mir sein Herz aus und eröffnet mir tiefe Einblicke in seine Seele.

Er erzählt mir nicht nur einmal mehr seine Fluchtgeschichte, sondern auch sein gesamtes Leben. Er erzählt von seiner Kindheit, schon die war nicht unbeschwert. Vom viel zu frühen Verlust geliebter Menschen. Von Konflikten innerhalb der Großfamilie. Er erzählt, dass ein Verwandter einen Mordanschlag auf ihn verübt, den er schwer verletzt überlebt. Er erzählt von dem Unrecht, das ihm widerfahren ist. Dass *er* nämlich deswegen schuldlos im Gefängnis saß. Er erzählt von Folter, von körperlichen Verletzungen und psychischen. Von schlimmen Depressionen und schwersten Schlafstörungen, seit Jahren.

Vor allem aber erzählt er von sehr quälenden Panikattacken. Panikattacken in geschlossenen Räumen. Panikattacken auf freien Plätzen. Panikattacken durch Alleinsein. Panikattacken durch Anwesenheit zu vieler Menschen. In jedem, der zufällig auf ihn zugeht, sieht er einen potenziellen Angreifer, in unerwarteten Berührungen einen furchteinflößenden Übergriff. Auch in Berührungen im Zusammenhang mit ärztlichen Untersuchen oder pflegerischen Maßnahmen. Das ist der Hauptgrund, weswegen er jede Krankenhausbehandlung ablehnt. Panikattacken im Dunkeln. Am allerschlimmsten aber ist: allein sein unter Fremden in einem geschlossenen Raum, zum Beispiel in öffentlichen Verkehrsmitteln. Oder im Zeltlager. Auf den Transporten zwischen BAMF und Erstaufnahme. Panikattacken, meist plötzlich und unvermittelt, selten nur sich langsam ankündigend. Sie schnüren ihm die Kehle zu und nehmen ihm die Luft zum Atmen. Die Erstickungsanfälle verstärken die Panik, die Panik verstärkt die Angst, die Angst verstärkt die Panik: ein Teufelskreis. Faris versucht, die Panikattacken zu unterdrücken, sie sich nicht anmerken zu lassen. Manchmal gelingt es ihm unter Aufbietung aller physischen und psychischen Kräfte, meist jedoch gelingt es ihm nicht.

„Ja, Asthma habe ich auch. Wenn es bloß das wäre! Ich habe Depressionen und Panik, das ist viel schlimmer. Das geht schon lange so. Aber ganz besonders schlimm ist es, seit ich in Deutschland bin. Vor lauter Panik kann ich nicht schlafen. Ich habe immer Angst, ich habe Angst vor der Panik! Deswegen konnte ich vorhin auch nicht in meinem Zimmer bleiben. Ich habe es nicht mehr ausgehalten. Ich musste raus. Aber draußen war es auch nicht besser, und in der Bahn wurde es noch schlimmer. Deswegen wollte ich mich ablenken und mit dir telefonieren. Ich bin dir so dankbar, dass du nicht aufgelegt hast.

Ich möchte, dass wenigstens du weißt, was wirklich mit mir los ist …“

Er redet fünf Stunden lang ununterbrochen. Sehr emotional brechen sich Heimweh und Sehnsucht nach Eltern und Geschwistern Bahn. Am Ende sackt Faris in sich zusammen, legt seinen Kopf auf meine Schulter und weint bitterlich. Ich bin gerührt, erschüttert, entsetzt. Über die Tatsache, dass er sich öffnet mindestens genauso wie über das, was ich in dieser Nacht alles erfahre. Ich bin irritiert und zutiefst verunsichert, aber auch froh über diesen Vertrauensbeweis. Was er mir erzählt hat, ist so schlimm, dass es mir fast den Boden unter den Füßen wegzieht. Wie muss es Faris gehen? Ich weiß nicht, was ich erwidern soll. Ich habe keine Worte, um das Entsetzliche abzumildern. Und doch habe ich das dringende Bedürfnis, ihm Trost zu spenden, ihm mein Verständnis und Mitgefühl auszudrücken. Wo Worte fehlen und Gefühle überhandnehmen, bleiben nur Gesten. Ich habe das Bedürfnis, Faris in den Arm zu nehmen und folge ihm spontan. Er erwidert meine Umarmung und krallt seine Finger in meinen Rücken und meine Schulter, dass es mir wehtut. Doch was ist das gegen seine Schmerzen? Er schluchzt noch lange, dann wird er allmählich ruhig. Langsam lösen sich auch seine Anspannung und seine verkrampften Finger. Ich wische ihm die Tränen aus dem Gesicht. Selten habe ich so viel Dankbarkeit aus einem einzigen Blick gelesen. Wir sind uns in diesem Moment sehr nah und vertraut. Ich fühle mich in gewisser Weise für ihn verantwortlich. Vom Alter her könnte Faris mein Sohn sein.

Einiges von dem, was er mir offenbart hat, habe ich geahnt. Aber von dem ganzen erschreckenden Ausmaß bin ich überrascht. Faris selbst äußert den dringenden Wunsch nach einer Psychotherapie, hat aber keinerlei Hoffnung, dass sich jemand seiner annehmen könnte.

Es ist zwei Uhr. Natürlich bleibt Faris hier. Ich bin aufgewühlt und schlafe kaum. Um fünf klingelt mein Wecker. Faris dagegen schläft vor Erschöpfung sofort ein und zwölf Stunden am Stück, ohne aufzuwachen. Er merkt nicht, dass wir früh unseren Tag beginnen, zur Schule und zur Arbeit gehen. Im Wohnzimmer steht sein Frühstück. Als ich nachmittags nach Hause komme, ist das Geschirr gespült, das Bett abgezogen und nicht nur das Gästezimmer, sondern die gesamte Wohnung aufgeräumt. Faris bedankt sich noch einmal und fährt dann in seine Unterkunft zurück. Diesmal ohne größere Probleme.

17 – Zuspitzung

Im September 2015 erreichen immer mehr Flüchtlinge Deutschland, immer mehr Flüchtlinge sind Patienten in meiner Klinik, immer noch treten die Ablehnung und die Vorurteile ihnen und mir gegenüber offen zutage. Dennoch sieht sich die Klinik von offizieller Seite gezwungen zu handeln. Stolz werden eine Dolmetscherliste und fremdsprachige Anamnesebögen präsentiert.

Die Dolmetscherliste ist unbrauchbar, weil völlig veraltet, und Sprachen wie Russisch und Polnisch werden zwar hin und wieder auch gebraucht, aber die meisten unserer ausländischen Patienten sprechen derzeit Arabisch, Persisch oder Paschtu, auch Englisch, aber eben nicht Russisch oder Polnisch. Auf der Liste fehlen Arabisch, Persisch und Paschtu völlig. Die Bögen zur Erhebung der Krankengeschichte erschweren diese eher, denn es ist zwar schön, wenn der Patient sie eventuell lesen und die entsprechenden Kreuzchen machen kann, sie nützen aber wenig, wenn die deutsche Übersetzung dazu fehlt bzw. auf einem Extrablatt danebengelegt werden muss.

Ich weise die Klinik darauf hin, dass ich sowohl Dolmetscher für die benötigten Sprachen organisieren kann, als auch im Besitz von brauchbaren, weil wirklich zweisprachigen Anamnesebögen bin, die ich der Klinik zur Verfügung stellen würde. Das wird mit wohlwollendem Erstaunen und vielen „Oh's" und „Ah's" zur Kenntnis genommen, aber es ändert sich nichts. Ich werde jedoch gefragt, ob ich freundlicherweise meine Netzwerkliste der Niedergelassenen dem Krankenhaus zur Verfügung stellen würde, damit man wüsste, an wen man die Leute gegebenenfalls weiterschicken könnte. Erneut biete ich an, für Patienten, die nach Entlassung aus stationärem Aufenthalt weitere Behandlung brauchen, diese zu organisieren. Entlassene Patienten kann ich auch auf dem Weg der Hausbesuche im Heim weiterbetreuen – das setzt aber voraus, dass ich weiß, wer wann mit welcher Diagnose entlassen wurde. Erneut dränge ich darauf, diese Informationen von den jeweiligen Stationen zu erhalten. Einige Kollegen gehen tatsächlich darauf ein. Die meisten und vor allem auch das Pflegepersonal stehen dem nach wie vor ablehnend gegenüber und enthalten mir ganz bewusst diese Informationen vor.

Wieder einmal bittet mich Frau Richter in die Erstaufnahme. Immer mehr akute und schwere Erkrankungsfälle treten auf, es wird immer schwieriger, sie zeitnah zu versorgen. Immer länger brauche ich für meine Visitenrunden durch das Hotel. Die Menschen, die ich treffe, wenn ich mit meiner Arzttasche von Zimmer zu Zimmer gehe, sind von Mal zu Mal verängstigter, erschöpfter und abgehärmter, ihnen stehen die Strapazen ins Gesicht geschrieben. Ich treffe Menschen, die in den letzten Wochen tatsächlich zwei- oder dreitausend Kilometer und teilweise sogar noch mehr zu Fuß zurückgelegt haben. Viele haben Wunden, Infektionen oder sind unter- bzw. mangelernährt.

Auf einem der düsteren Flure des ehemaligen Hotels humpelt mir eine Gruppe elender, leidender Gestalten entgegen, deren Anblick mich an Bilder längst vergangener Zeiten der deutschen Geschichte erinnert. Mich entsetzt und verstört diese Begegnung. Ich versuche mir vorzustellen, was jeder Einzelne von ihnen erlebt haben mag und muss augenblicklich erkennen, dass deren Leid jedes Vorstellungsvermögen eines Unbeteiligten übersteigt. Sie gehören nicht zu den Patienten, zu denen mich Frau Richter heute gebeten hat. Aber ich erkenne mit einem einzigen Blick, dass auch sie dringend Hilfe benötigen. Ich behandle heute zehn oder zwölf Kranke, sehe ein Vielfaches im Vorübergehen und beginne zu ahnen, dass auch das nur ein Bruchteil derer ist, die hier in dieser Erstaufnahme dringend medizinischer Hilfe bedürfen.

Unser bisheriges System der „Hausbesuche auf Zuruf" und des ambulanten Netzwerkes reicht nicht mehr aus, um allen kranken Flüchtlingen wenigstens eine Erstversorgung zukommen zu lassen. Nötig sind Sprechstunden für alle, und zwar direkt hier im Heim. Sprechstunden, in die jeder kommen kann, ohne Termin und ohne sich erst bei der Heimleitung für einen Arztbesuch anmelden zu müssen. Eine niederschwellige Basisversorgung muss geschaffen werden, eine schnelle, unbürokratische Hilfe ohne Formulare,

Scheine und Ämter. Ich werde hier eine Ambulanz eröffnen, und zwar so schnell wie möglich!

Mein Plan stößt bei Frau Richter nicht nur auf offene Ohren, sondern auf große Erleichterung und volle Zustimmung.

18 – Ambulanz

Genau eine Woche später findet die erste Sprechstunde in der neuen, zunächst noch provisorischen, komplett ehrenamtlich und sachspendenbasiert betrieben Flüchtlingsambulanz statt, in der wir niemals nach Nationalität und Aufenthaltsstatus gefragt haben, und in der wir uns die Papiere unserer Patienten nur zum Zweck der Namensdokumentation zeigen ließen.

In dieser einen Woche habe ich auf Hochtouren alles organisiert, was mindestens vorhanden sein muss, und dabei zahlreiche Nachtschichten eingelegt. Ich habe drei ärztliche Kollegen und zwei Krankenschwestern gewinnen können, die bereit waren, einen Teil ihrer Freizeit in die Behandlung der Flüchtlinge zu investieren. Später kamen noch drei Kollegen[7] hinzu, sodass wir uns dann insgesamt zu neunt in die Ambulanzdienste teilten. Beide Krankenschwestern und sechs der Ärzte arbeiten hauptamtlich in zwei verschiedenen Krankenhäusern, eine Kollegin als angestellte Ärztin in einer Praxis. Alle waren jedoch aus Angst vor Anfeindungen sehr darauf bedacht, dass niemand von ihrem Engagement erfährt. Stillschweigen und absolute Anonymität musste ich ihnen garantieren.

In dieser einen Woche habe ich Bedarfslisten erstellt, mir die Ausstattung und den Nachschub von Verbrauchsmaterialien durch meinen Arbeitgeber zusagen lassen und ebendies für Medikamente sichergestellt, mir die Finger wundgetippt an Mails und Telefonaten, habe mir ein einfaches, aber effektives Dokumentationssystem einfallen lassen (ganz klassisch mit Papier und Stift und damit in der Lage, mit dem Patienten weiterzureisen, wenn dieser in eine andere Einrichtung verlegt wird, da die Software der einzelnen Einrichtungen nicht miteinander kompatibel ist), eine Mailingliste und einen Dienstplan erstellt. Letzteres war gar nicht so einfach, denn dieser Dienstplan musste mit dem jeweiligen Klinikdienstplan der betreffenden Kollegen abgestimmt werden, außerdem war Privates zu berücksichtigen – alle meine Mitstreiter haben Familien und Kinder.

Genau das Gleiche habe ich vor einigen Jahren schon einmal gemacht, in viel größerem Stil, für den Aufbau eines Krankenhauses in Kambodscha. Meine Erfahrungen insbesondere in der Spendenakquise kamen mir dabei zugute. Allerdings war es damals viel einfacher, denn ich hatte einerseits mehrere Monate Zeit, und andererseits ist es wesentlich leichter, Spenden für ein humanitäres Auslandsprojekt zu erhalten, als für Flüchtlinge in Sachsen. Alle potenziellen Sponsoren der Stadt, in dem sich die Erstaufnahmeeinrichtung befindet, lehnen mit Ausnahme meines Arbeitgebers, der sich mit Sterilgut und Diagnostika beteiligt, eine Zusammenarbeit ab. Von den meisten habe ich nicht einmal eine Antwort auf meine Anfrage erhalten. Einige Unterstützung findet mein Projekt in der nahe gelegenen Großstadt. Das Gros des Bedarfs erhalte ich jedoch mit regelmäßigen Lieferungen in Umzugskartongröße aus Hamburg und Bielefeld. Da an unserem ersten Praxistag noch nicht alle Lieferungen eingetroffen sein würden, der Start aber dringend war und ich das Datum nicht verschieben wollte, investiere ich privat ein paar Hundert Euro in die allernötigste Grundausstattung, um an diesem ersten Tag arbeitsfähig zu sein.

Das Heim stellt mir für die Ambulanz zunächst einen Raum zur Verfügung, der auch für andere Zwecke genutzt wird, ebenso wie einen Schreibtisch, Stühle und ein Bett mit abwaschbarer und desinfizierbarer Matratze, das in der ersten Zeit in Ermangelung einer Untersuchungsliege als solche dient. Da wir zunächst keinen sicheren, abschließbaren Aufbewahrungsort für unser Equipment haben, ist in den ersten Wochen Kistenschleppen angesagt, denn wir packen nach der Sprechstunde alles zusammen und bringen es zur nächsten wieder mit. Ähnliches war ich aus Kambodscha gewohnt. Was dort ging, muss auch hier gehen, deshalb bin ich zwar nicht zufrieden mit der Situation, aber sie ist als Übergangslösung immerhin akzeptabel und auf jeden Fall besser als gar keine Versorgung. Später erhalten wir von der Heimleitung eigene, abschließbare Praxisräume mit Wartezimmer, Toiletten, Schränken, einer Untersuchungsliege und einem Safe für die Arzneimittel.

Für mich ist es von Anfang an selbstverständlich, dass wir in der Ambulanz nicht nur die vierhundert Bewohner der Erstaufnahmeeinrichtung, sondern die noch einmal so vielen dezentral in der Stadt untergebrachten Asylbewerber versorgen würden. Warum sollte medizinische Versorgung nur für die Hälfte der Flüchtlinge angeboten werden? Damit beiße ich aber beim Betreiber der Erstaufnahmeeinrichtung auf Granit, der es kategorisch ablehnt, andere als die dort gemeldeten Ausländer in das Haus zu lassen – angeblich aus Sicherheitsgründen und um den Überblick nicht zu verlieren. Überblick? Hat hier überhaupt jemand den Überblick? Das ist für mich ein herber Rückschlag und mit meiner Philosophie nicht zu vereinbaren. Aber natürlich geht die Praxis dennoch an den Start.

Nach vier Monaten zäher Verhandlungen und steter Absagen erreicht mich ein verzweifelter Hilferuf der Caritas, die für die Flüchtlingssozialarbeit der dezentral untergebrachten Asylbewerber zuständig ist. Es ist nämlich inzwischen wegen Überlastung gar nicht mehr möglich, Flüchtlinge bei niedergelassenen Ärzten anzumelden. Ob ich denn nicht auch bereit wäre, die Dezentralen mit zu betreuen? Bereit bin *ich* dazu schon lange! Als ich Frau Richter erneut diesbezüglich anspreche, platzt ihr der Kragen:

„Ich habe die Haltung der Konzernleitung gehörig satt! Wissen Sie was, Frau Dürkhauser? Wir machen das jetzt einfach so!“

Von Stund' an ist es kein Problem mehr, auch andere Ausländer zum Zweck des Arztbesuches in das Heim zu lassen: Sie müssen bei Betreten ihre Papiere beim Wachschutz hinterlegen und bekommen stattdessen einen Zettel mit ihren Daten, der sie zum Aufenthalt in der Praxis (und nur dort) berechtigt. Dieser Schein wird von uns nach der Behandlung abgestempelt, und sie erhalten dafür am Ausgang von der Security ihre Dokumente zurück. Simpel, effektiv und völlig problemlos. Mit ein bisschen gutem Willen und etwas weniger Bürokratie geht vieles. Ich glaube, der Träger der Einrichtung weiß von dieser Regelung bis heute nichts.

19 – Sprechstundenalltag

Unser erster Sprechstundentag war mit fünf Stunden geplant, am Ende waren es acht, denn wir hatten angesichts der Massen an wartenden Patienten beschlossen, niemanden wegzuschicken und heute „open end“ zu arbeiten. Wir hatten nicht mit dem immensen Andrang gerechnet. Der Flur vor dem zur Ambulanz gemachten Hotelzimmer war brechend voll, bis zu 50 Patienten samt im Schnitt ein bis zwei Begleitpersonen (Angehörige, Freunde oder „Übersetzer“ aus dem Nachbarzimmer) drängten sich bisweilen gleichzeitig davor. Zum Glück unterstützten mich an diesem ersten Tag meine zwei Krankenschwestern alle beide, die das unorganisierte Chaos geschickt in ein organisiertes verwandelten. Am Ende dieses ersten Tages wiesen unsere Unterlagen fast siebzig Konsultationen aus. Mehrstündige Wartezeiten waren dabei unumgänglich und wurden von unseren Patienten klaglos hingenommen. Lediglich mein Vorgehen, Mütter mit schreienden Babys und Kleinkindern vorzuziehen, stieß nicht bei allen auf Gegenliebe. Ein einziges Mal drohte die Situation kurzzeitig zu kippen. Eine klare (gedolmetschte) Ansage von mir über die Köpfe der Wartenden hinweg wurde jedoch anstandslos akzeptiert und sorgte augenblicklich wieder für Ruhe.

Überhaupt hatte ich niemals in meiner gesamten Arbeit mit Flüchtlingen ein Akzeptanzproblem. Manchmal habe ich geradezu darauf gewartet, dass mir die jungen Männer irgendwie dumm kommen, dass sie eindeutige Absichten äußern oder aber sich von mir als Frau nicht untersuchen oder behandeln lassen wollen. Aber das trat nie ein. Entsprechende Fälle sind mir aus den Medien bekannt, selbst erlebt habe ich so etwas aber nie. Über die Gründe kann ich nur spekulieren.

Fakt ist einerseits, dass der Arztberuf in den Herkunftsländern im Allgemeinen ein hohes Ansehen genießt. Andererseits könnte ich vom Alter her die Mutter der übergroßen Mehrheit der Flüchtlinge sein. Menschen älterer Generationen (auch Frauen!) wird kulturbedingt ein höherer Respekt entgegengebracht. Zusammen mit einem bestimmten Auftreten, aber dem gleichzeitig wertschätzenden Umgang und einer verständnisvollen Behandlung mit bewusster Beachtung kultureller Besonderheiten habe ich sehr schnell das Vertrauen meiner Patienten gewonnen. Dazu gehört natürlich eine freundliche Begrüßung genauso wie das Verordnen von Medikamenten, die mit Rücksicht auf den Ramadan nur früh und abends eingenommen werden müssen, statt mehrfach über den Tag verteilt. So eine Alternative gibt nämlich zu fast jedem Wirkstoff.

Dazu gehört auch die Möglichkeit, sich den Blicken der Ärztin entzogen zu entkleiden. In bestimmten Kulturen legen nämlich auch Männer Wert darauf, den Oberkörper hinter einem Sichtschutz frei zu machen, um dann entkleidet hervorzutreten. Nicht der freie Oberkörper an sich ist das Problem, sondern die Handlung des Ausziehens. Es gilt als undenkbar, vor den Augen einer Frau, auch einer Ärztin, die Kleidung abzulegen. Ein Mann, der das nicht möchte, verweigert in der Regel nicht die Behandlung durch die Ärztin, sondern er verhält sich seiner Kultur entsprechend ihr gegenüber sogar korrekt und anständig. Er drückt auf diese Weise seinen Respekt vor ihr aus.

Damit im Zusammenhang steht ein anderer Schambegriff. Als Schambereich wird in vielen östlichen Kulturen beim Mann alles vom Bauchnabel bis kurz unterhalb des Knies wahrgenommen, bei der Frau von der Brust bis zum Knie, und dementsprechend gehandhabt. Das gewinnt große Bedeutung z. B. bei der Untersuchung des Bauches oder Kniegelenkes, was selbstverständlich bei beiden Geschlechtern nie ohne Ankündigung bzw. vorherige Frage berührt werden darf.

Ich habe den Anspruch, als Ärztin die Gefühle meiner Patienten nicht zu verletzen und zumindest Grundkenntnisse über deren kulturellen Hintergrund zu besitzen. Deshalb halte ich meine Sprechstunde auch nicht im kurzen Rock oder mit schulterfreiem Top ab – auch, wenn draußen dreißig Grad herrschen. Denn so ein Auftreten würde schlicht als grob unhöflich, respektlos und unangemessen interpretiert, selbst wenn ich es aus meiner kulturellen Prägung heraus nicht so sehe.

Genauso wenig ist es von Nachteil, wenn ich die Frage nach dem Befinden in der jeweiligen

Landessprache beherrsche und die möglichen zwei, drei Antworten darauf verstehe. Das muss man nicht, aber man kann; für mich gehört es einfach dazu.

Es ist einfach, sich als Arzt über mangelnde Compliance[8] zu beklagen, ohne die Bedürfnisse seiner Patienten zu berücksichtigen. Ich brauche mich zum Beispiel nicht darüber zu wundern, dass Medikamente im Ramadan tagsüber nicht eingenommen werden, wenn ich keinen Gedanken daran verschwende, anders zu verordnen. Ich habe nämlich die Erfahrung gemacht, dass die Compliance hoch ist, wenn die Behandlung rücksichts- und verständnisvoll erfolgt und auf kulturelle Gegebenheiten eingeht. Ich finde es nicht schwierig und vor allem ohne persönlichen Nachteil, sich mit Umsicht und Akzeptanz den Respekt ausländischer Patienten zu verdienen.

Kurzum – ich habe keinerlei negative Erfahrungen im persönlichen Umgang mit Flüchtlingen gemacht. Im Gegenteil, ich habe viel Respekt und ausgesprochen große Dankbarkeit erlebt. Ich bin immer sehr gern in das Heim gefahren, die Sprechstunden waren mir eine höchst willkommene Abwechslung zum Krankenhausalltag. So gern ich die Sprechstunden abhielt, so bereitwillig kamen die Patienten zu mir. Oft haben sie mit ihren Anliegen gewartet, bis ich wieder selbst da war, anstatt damit zwischenzeitlich zu meinen Kollegen zu gehen.

20 – Sprechstunde ohne Sprache?

Ein wichtiger Aspekt der Interaktion zwischen Patient und Arzt ist die Kommunikation. Wie erhebt man eine Anamnese ohne gemeinsame Sprache und ohne Dolmetscher? Es ist schwieriger als bei deutschen Patienten, es kostet mehr Mühe, mehr Zeit und Geduld, aber es geht! Die in meinen Augen wichtigste Voraussetzung dafür: Man muss es *wollen*. Sich darauf einlassen, wirklich herausfinden zu wollen, was mein Gegenüber mir mitzuteilen versucht. Ich habe ganze Krankengeschichten komplett nonverbal erhoben, viele Fluchtgeschichten ohne ein Wort in einer gemeinsamen Sprache erfahren, aber selbst bei dem Massenandrang am ersten Sprechstundentag wusste ich am Ende immer, was den Patienten zu mir führt und er wusste immer, wie die Behandlung aussieht und was er tun muss. Wie kann das funktionieren?

Kommunikation ist viel mehr als Sprache. Der größte Teil der Informationen aus einem Gespräch wird nämlich nonverbal, also ohne Worte, übermittelt. Mimik, Gestik, Körpersprache, gehaltener, abgebrochener oder wieder aufgenommener Blickkontakt, die Position der Anwesenden zueinander im Raum, Modulation der Stimme, Sprechgeschwindigkeit, Betonung, Tonfall – all das trägt ganz wesentlich zum Verstehen bei. Dabei ist bemerkenswert, dass z. B. der Klang einer „wütenden“ oder „liebevollen“ Stimme in jeder Sprache der Welt gleich ist. Zwei sich fremde Sprecher mit unterschiedlichen Sprachen erkennen am Tonfall und der Stimmmodulation ganz genau, ob der andere mit ihm schimpft oder eine Frage stellt, auch wenn der Inhalt des Gesprochenen wörtlich nicht verstanden wird.

Ebenso werden spontane Gefühle auf der ganzen Welt identisch geäußert: Das schmerzverzerrte Gesicht, die geballte Faust, das herzliche Lachen, die bitteren Tränen oder die spontane Reaktion auf den Tod eines nahen Angehörigen sind international und transkulturell. Sie werden über alle Kulturen und Kontinente hinweg verstanden.

Die nonverbal vermittelte Information hat dabei sogar eine größere Bedeutung als die in Worte gefasste: Gibt es eine inhaltliche Diskrepanz zwischen dem gesprochenen Satz und der verwendeten Körpersprache, betrachten wir automatisch die nonverbale Information als die wesentliche und wichtigere. Ein Beispiel verdeutlicht das sehr gut: Sie treffen einen Freund, der Sie mit den Worten: „Oh, wie schön dich wiederzusehen!“ begrüßt und dabei gelangweilt seine Augen in den Himmel verdreht. Sie wissen natürlich sofort, dass er sich nicht freut.

Spontane Mimik und Gestik als Ausdruck von Gefühlen geschieht immer unbewusst. Sie resultiert aus der direkten Verbindung der mimischen Muskulatur zum limbischen System (der „Gefühls-Schaltzentrale“ des Gehirns) und ist weltweit identisch. Wird der unbewusste Einsatz der nonverbalen Kommunikation durch bewusst gesteuerte Mimik und Gestik unterstützt („reden mit Händen und Füßen“), sinkt die Bedeutung des gesprochenen Wortes sogar noch mehr. Ist man sich dieser Zusammenhänge bewusst und nutzt sie gezielt aus, wird die Unterhaltung zweier Menschen, die nicht dieselbe Sprache sprechen, zu einer bereichernden Erfahrung.

Außerdem kann man im Arzt-Patient-Gespräch vieles zeigen. Man kann auf verschiedene Körperteile zeigen und ein fragend-schmerzverzerrtes Gesicht machen. Man kann pantomimisch bestimmte Krankheitsbilder oder körperliche Einschränkungen darstellen, zum Beispiel Erbrechen oder Hinken.

Ich hatte einen Patienten, der mir die englischen Worte „pain“ (Schmerz) und „leg“ (Bein) mitteilte (übrigens die einzigen Worte neben „hello“ und „thank you“, die er auf Englisch konnte). Damit wusste ich schon mal, dass er Schmerzen im Bein hatte. Aber welches Bein? Wo genau? Hüfte? Knie? Sprunggelenk? Innen oder außen? Fuß? Ferse oder Sohle? Oberschenkel? Vorn oder hinten? Unterschenkel? Wade oder Schienbein? In Ruhe? In Bewegung? Bei welcher Bewegung? Unter Belastung? Schon beim normalen Gehen oder nur beim Treppensteigen? Bei beidem? Wie lange schon? Tage, Monate? Wie lange anhaltend? Kurz, stechend, schnell wieder weg? Oder immer, dumpf, bohrend? Wann? Tagsüber? Nachts? All diese Fragen sind wichtig, um zu einer Verdachtsdiagnose zu kommen,

Entscheidungen über diagnostische Maßnahmen zu treffen und dementsprechend zu behandeln: Ein Knochenbruch ist anders zu behandeln als ein Muskelkater, aber beides kann mit „Beinschmerzen" beschrieben werden. Handelt es sich um einen Muskelkater, kann ich jedoch getrost auf ein Röntgenbild verzichten.

All diese Fragen habe ich meinem Patienten gestellt – und auf alle eine sinnvolle Antwort und ein aufschlussreiches Gesamtbild erhalten. Um an diese Informationen zu kommen, bin ich mit ihm gemeinsam Seite an Seite, mal hier, mal da zeigend durch das Sprechzimmer gehumpelt. Wir hatten dabei großen Spaß und haben viel gelacht. Lachen schafft Nähe und Vertrauen. Lachen entspannt und baut Ängste ab. Lachen ist Therapie!

Ganz wichtige Hilfsmittel sind des weiteren Papier und Bleistift. Damit kann ich eine halbe Tablette aufmalen und eine aufgehende Sonne bzw. einen Mond und dem Patienten so zeigen, dass er diese halbe Tablette früh oder abends einnehmen soll. Andersherum haben viele meiner Patienten sehr eindrucksvoll skizziert, was ihnen widerfahren ist. Als Ursache für eine schlecht verheilte Wunde an der Schulter zeichnete ein Patient eine explodierende Bombe, andere brennende Häuser oder Menschen unter Wasser. All das kann mit wenigen Strichen von praktisch jeder Person dargestellt werden. Es bedarf dafür keines großen Talents, und dennoch weiß jeder, was gemeint ist.

Außerdem hatte ich medizinische Bildwörterbücher zur Verfügung. So konnte ich auch schambehaftete urologische und gynäkologische Probleme ansprechen oder Fragen zum Stuhlgang stellen. Fremdsprachige Fragebögen zur medizinischen Vorgeschichte hatte ich zwar zur Verfügung, setzte sie aber nur selten ein. Denn ich war im Laufe der Sprechstunden sehr routiniert geworden in der Kommunikation und brauchte für eine komplette Konsultation selten länger als zehn bis fünfzehn Minuten.

Manche Patienten hatten Übersetzungs-Apps auf ihre Handys geladen und hielten mir dann irgendwelche grauenhaften Sätze, die Deutsch sein sollten, oder medizinisches Kauderwelsch unter die Nase, aus dem ich nicht schlau wurde. Das taugte gut zum gemeinsamen Lachen, nützlich und zielführend waren diese Tools aber nicht. Sehr von Nutzen waren allerdings medizinische Dokumente aus der Heimat, die einige von ihnen elektronisch gespeichert hatten. Über Impfausweise, Medikamentenpläne, Arztbriefe in Englisch oder die ich mir von den Dolmetschern des Heims übersetzen ließ, war ich glücklich.

Natürlich behandeln wir in der Ambulanz vorwiegend Akuterkrankungen, aber ich bin erstaunt, wie viele chronisch kranke Patienten zu uns kommen. Vor allem Diabetes, Bluthochdruck, Migräne, Erkrankungen aus dem allergischen Spektrum und Epilepsie sehen wir häufig.

Während akut Erkrankte uns meist nur einmal besuchen, kommen die chronisch Kranken oft regelmäßig zur Neueinstellung oder Therapiekontrolle in unsere Sprechstunden. Diese Menschen bereiten mir die größten Sorgen, denn mit ihrer Weiterverlegung aus der Erstaufnahme in Übergangseinrichtungen endet die Versorgung durch uns. Nach wie vor ist die Lage prekär und es ist so gut wie unmöglich, diese Patienten in eine regelhafte hausärztliche Versorgung zu überführen. Oftmals ist durch die Flucht die dringend benötigte Medikation unterbrochen und der Allgemeinzustand entsprechend schlecht. Wir verbessern das durch Neueinstellungen, einige müssen deswegen sogar ins Krankenhaus eingewiesen werden. Nach der Entlassung betreuen wir diese Patienten weiter. Informationen über deren Entlassung seitens der Klinik, die mir ja sowieso meistens vorenthalten werden, sind nicht mehr nötig, seit jeder Patient einfach in unsere Sprechstunden kommen kann. Wir sorgen so für regelmäßige Kontrollen und, wenn nötig, Anpassungen in den Verordnungen. Das führt zu einem wesentlich besseren allgemeinen Gesundheitszustand dieser Menschen und verhindert erkrankungsbedingte Notfälle.

Das alles steht auf dem Spiel, wenn die Betroffenen in eine andere Einrichtung und damit in eine andere Zuständigkeit wechseln. Dann brauchen sie einen niedergelassenen Hausarzt, den sie oft nicht finden, und wenn sie ihn aufsuchen wollen, Behandlungsscheine, die sie oft nicht erhalten, weil chronische Erkrankungen für die Ämter eben keine Behandlungsindikation darstellen. Das Asylbewerberleistungsgesetz wird von den Laien in den Amtsstuben gern so interpretiert, dass nur akute Schmerzzustände behandelt werden dürfen.

Außerdem fällt es vielen Patienten schwer, das entstandene Vertrauensverhältnis zu uns aufzugeben. Sie *wollen* gar nicht in eine andere Praxis. So kommt es, dass ich einige von ihnen auch nach ihrer Verlegung in Übergangseinrichtungen des Landkreises oder der nächstgrößeren Stadt weiterbetreut habe. Wieder bin ich mit meiner Hausbesuchstasche in die Heime gegangen. Ich lernte auf diese Weise fast alle Übergangseinrichtungen meiner Heimatstadt von innen kennen.

In zwei dieser Heime war ich besonders oft: in dem im Sandweg, weil dorthin viele ehemalige Bewohner der Erstaufnahme verlegt wurden, und dem in der Perlacher Straße, weil dort Faris untergekommen war. Die Bewohner des Sandweges kannten mich praktisch alle aus Erstaufnahme- und Ambulanzzeiten, die der Perlacher Straße durch Faris.

Während die Einrichtung im Sandweg ganz neu war und wegen schon vor der Belegung verübter Anschläge im Fokus des öffentlichen Interesses stand, existiert das Haus in der Perlacher Straße bereits seit den neunziger Jahren als Asylbewerberunterkunft – und interessiert niemanden. Was in Bezug auf ausländerfeindliche Übergriffe von Vorteil ist, ist für die soziale Betreuung von Nachteil. Im Sandweg gründete sich rasch ein Unterstützerverein, der sich um Deutschkurse, Arbeitsbeschaffungsmaßnahmen, Freizeitbeschäftigungen, Patenschaften, Behördengänge usw. kümmerte. In der Perlacher Straße gab es das alles nicht. Deren Bewohner erfuhren keinerlei Hilfe von außen. Sie waren auf sich allein gestellt. Einige lebten dort schon seit drei Jahren. Sie hatten auf dem Papier zwar einen hauptamtlichen Sozialarbeiter, diesen aber in der ganzen Zeit noch kein ein einziges Mal gesehen oder gesprochen.

Es war ihnen natürlich nicht entgangen, dass ich mich nicht nur um Faris' Gesundheitszustand sorgte, sondern mich auch um seine Termine kümmerte, mit ihm Behördengänge erledigte, ihn öfter abholte und ihm auch sonst allerlei Ratschläge erteilte und Hilfe zukommen ließ. Irgendwann sprach mich ein Mitbewohner von Faris an, ob er mich etwas bezüglich seiner Aufenthaltsgestattung fragen dürfe. Er durfte selbstverständlich, aber ich hatte keine Antwort. Daraus ergab sich ein Gespräch zwischen ihm, mir und immer mehr Bewohnern über die vielen Fragen, auf die niemand eine Antwort hatte, immer würden sie an andere Stellen verwiesen, oft seien die Auskünfte widersprüchlich, wenn sie denn überhaupt welche bekämen. Regelungen änderten sich ständig, und überhaupt, die Behördenbriefe, die selbst für schon gute Deutschsprecher völlig unverständlich seien ... Und warum bekommt Achmed einen Deutschkurs, obwohl er doch erst ein halbes Jahr hier ist, während Fahd schon seit zwei Jahren darauf wartet, endlich seinen Kurs absolvieren zu dürfen? Solche Unterschiede sind zwar durchaus erklärbar, aber es war niemand da, der dafür eine Begründung gab. Leider hatten sie alle völlig recht. Ich fand diesen Zustand unhaltbar, und es hätte mir leidgetan, sie so zurückzulassen.

Ich habe mir ihre konkreten Probleme notiert und versprochen, so gut ich kann Informationen einzuholen. Nicht auf jede Frage fand ich schnell eine Lösung, manchmal fehlte mir auch einfach der konkrete Hintergrund. Aber das war überhaupt nicht schlimm. Allein die Tatsache, dass sich jemand bemüht, ihnen Antworten zu geben oder den einen oder anderen Ratschlag im Umgang mit den Behörden, wurde mit großem Wohlwollen aufgenommen.

Ich war schon immer ein guter Autodidakt, bereits im Studium habe ich mir große Mengen an Wissen selbstständig angeeignet. Das brachte mir oft viel mehr als die Lehrveranstaltungen. So war es auch jetzt: Innerhalb kurzer Zeit kannte ich sämtliche relevanten Regelungen der Aufenthalts- und Leistungsgesetze und wusste schnell, auf wen was warum anzuwenden war, wer wofür bei welcher Behörde welchen Antrag zu stellen hatte und wie jemand seine Ansprüche insgesamt geltend machen konnte. Bei Schwierigkeiten habe ich die Bewohner auch persönlich begleitet. Ich war immer wieder überrascht, dass etwas, was von Behördenseite aus monatelang unmöglich war, plötzlich kein Problem mehr war in dem Moment, wo der Asylbewerber mit einer deutschen Begleitung erschien. Manchmal hatte ich den Eindruck, dass ich mich mit den ganzen vielen Regelungen besser auskannte als manch einer in den Amtsstuben.

Jedenfalls betreute ich bald die vierzig Bewohner der Übergangseinrichtung Perlacher Straße in jeglicher Hinsicht. Ich organisierte, beriet, begleitete sie in allen Lebenslagen, hörte zu, tröstete, vermittelte, ich lud ein und wurde eingeladen, erfuhr viele persönliche Geschichten, war Vertraute und immer gern gesehen. Kam ich mit Felix, so stand er augenblicklich im Mittelpunkt und wurde von allen verwöhnt. Jeder buhlte um seine Gunst, er bekam Chips, Kekse und Cola, auch Kuscheltiere, Fußballspiele und Sammelkarten wechselten ihre Besitzer. Die Menschen sind ausgesprochen kinderlieb. Auch hier erlebte ich kein einziges Mal eine dumme Bemerkung, anzügliches Verhalten oder offenkundige Missachtung. Auch hier wurde ich, im Gegenteil, immer höflich, respektvoll und zuvorkommend behandelt. Ich habe mich niemals unsicher oder gar bedroht gefühlt als Frau allein unter vierzig Männern. Ich habe meine Arbeit zu keiner Zeit als gefährlich empfunden, auch wenn dieselben Personen, die mich ob der Zustände im Heim als Lügnerin bezeichnet haben, mir das gerne einreden wollten.

Ich betreute also die Übergangseinrichtung in der Perlacher Straße als so etwas wie eine ehrenamtliche Sozialarbeiterin. Geld bekam und wollte ich dafür nicht, aber großen Respekt und viel Dankbarkeit. Das ging so etwa eineinhalb Jahre lang, als eines Tages unangekündigt ein hauptamtlicher Sozialarbeiter in dem Heim erschien und erklärte, er wäre ab sofort für alle und alles zuständig. Was er nicht erwartet hatte, war die unverhohlene, offene Ablehnung, die ihm entgegenschlug. Die Bewohner haben ihm rundheraus gesagt, dass sie ihn weder wollen noch brauchen, weil sie ihre Conny haben, die gut ist und alles zur besten Zufriedenheit regelt. Deshalb wollen sie auch in Zukunft nur ihre Conny und niemand anders. Zu mir hat der Sozialarbeiter nie den Kontakt gesucht. Er ist noch ein paar Mal in dem Haus erschienen, da aber die Bewohner ihm dauerhaft die Zusammenarbeit verweigerten, kam er bald nicht mehr – und nie wieder.

22 – Das Gutachten

Mir gelingt es tatsächlich, Faris in relativ kurzer Zeit einen Therapieplatz bei einem psychiatrischen Psychotherapeuten zu vermitteln.

Nachdem das örtliche Sozialamt als Kostenträger vier Monate lang problemlos die Behandlungsscheine ausgestellt und die Kosten dafür übernommen hat, zweifelt es plötzlich die Notwendigkeit der Psychotherapie an, verweigert von einem Tag auf den anderen die Kostenübernahme und fordert ein sozialpsychiatrisches Gutachten.

Faris wirft das völlig aus der Bahn. Er hatte große Hoffnungen in die Behandlung gesetzt, sie tat ihm gut, es ging ihm jedes Mal besser, wenn er die Praxis wieder verließ. Und nun sollte er dort plötzlich nicht mehr hingehen dürfen? Wieder eine Sorge mehr, wieder etwas, was ihm Angst macht und zu Panikattacken und Asthmaanfällen führt. Die Sitzungen sind für ihn wie ein rettender Strohhalm, der ihm nun entzogen wird. Er empfindet die plötzliche Weigerung der Kostenübernahme als persönliche Schikane und beteuert wieder und wieder, dass er doch kein Simulant ist. In den Wochen der Ungewissheit gibt es wieder zahlreiche Notarzteinsätze wegen seiner Atemnot. Jedes Mal gelingt es ihm, die Einweisung in eine Klinik beharrlich zu vermeiden.

Das Begutachtungsgespräch mit der fremden Psychiaterin, das in unbekannten Örtlichkeiten stattfindet, ist für Faris trotz meiner Anwesenheit extrem belastend. Auch ich empfinde die Gesprächsatmosphäre als unangenehm, kalt und sogar leicht vorwurfsvoll. Ich habe den Eindruck, es geht nicht um neutrale Beurteilung, sondern darum, sein „Simulantentum" zu beweisen. Das Gespräch dauert mehr als zwei Stunden. Danach ist Faris völlig erschöpft und möchte, dass ich ihn in seine Unterkunft bringe. Er wirkt verstört. Ich frage ihn mehrfach, ob er das wirklich will, und biete ihm wiederholt an, mit zu mir zu kommen. Aber er lehnt mein Angebot ab. Er möchte jetzt nur eines, beteuert er mir: allein sein und schlafen. Ich habe noch nie erlebt, dass Faris allein sein will. Ich habe kein gutes Gefühl.

Ich denke nicht, dass es richtig ist, wenn er jetzt allein in seinem Zimmer ist. Auch auf erneute Nachfrage lehnt er jedoch mein Angebot ab. Ich respektiere seinen Wunsch. Als ich zu Hause bin und ihm eine Nachricht schreiben möchte, ist sein Handy aus. Das verwundert mich, dann so etwas habe ich in all der Zeit, die ich Faris kenne, noch nie erlebt. Aber gut, er möchte schlafen und sichergehen, dass er nicht gestört wird. Ich sende ihm trotzdem ein paar aufmunternde Worte. Irgendwann, wenn er aufgewacht ist, wird er sie lesen und sich darüber freuen.

Doch Faris' Handy bleibt aus. Zwei Stunden. Vier Stunden. Sechs Stunden. Den ganzen Nachmittag. Mittlerweile ist es Abend, keine meiner Nachrichten ist angekommen, geschweige denn beantwortet worden. Das ist völlig ungewöhnlich.

Langsam mache ich mir Sorgen. Nachdem ich Felix zu Bett gebracht habe, fahre ich in Faris‘ Unterkunft. In seinem Zimmer brennt kein Licht, alles ist dunkel.

Ich treffe im Hausflur einen Mitbewohner. Der ist überrascht:

„Ich denke, Faris ist bei dir? Er war heute Mittag nur ganz kurz hier, dann ist er wieder gegangen und hat gesagt, er fährt zu dir.“

Faris ist nicht zu Bett gegangen, aber er hat sein Handy ausgeschaltet. Er hat seine Unterkunft verlassen, aber das angegebene Ziel nicht erreicht. Wo ist Faris? Was ist mit ihm passiert? Ich versuche mir einzureden, dass er einfach nur seine Ruhe haben will. Bestenfalls ist er bei irgendeinem Freund in einem anderen Wohnheim, schlimmstenfalls … Diesen Gedanken schiebe ich weg.

Doch wie kann ich das herausfinden, wenn er sein Handy nicht anschaltet? Ich habe die Kontaktdaten einiger seiner Landsleute im Sandweg, bei ihnen hat sich Faris nicht gemeldet und er ist auch nicht dort. Aber er ist seit Stunden verschwunden. Faris ist krank und psychisch labil. Was soll ich nur machen? Sämtliche Krankenhäuser der Gegend abtelefonieren? Die Polizei einschalten?

Faris geht gern nahe der Unterkunft am Fluss spazieren. Ich weiß, welche Runde er bevorzugt, und kenne die Stellen, an denen er gerne rastet: eine Bank und einen Bootssteg. Manchmal sind wir den Weg schon gemeinsam gegangen. Obwohl es mittlerweile später Abend und stockdunkel ist, will ich auf dieser Strecke nach ihm suchen. Wenn ich ihn dort nicht finde, dann informiere ich die Polizei.

Ich gehe den vertrauten Weg, der mir jetzt, zu dieser vorgerückten Stunde, unheimlich und fremd vorkommt. Ich hoffe auf den Bootssteg und kann es kaum erwarten, die Bank zu erreichen – nichts. Manchmal geht Faris noch ein Stück weiter. Ich folge dem Weg noch einige Meter. Nichts. Ich zücke schon mein Telefon, um die Polizei anzurufen, und will umkehren, aber in der Ferne kann ich schemenhaft im fahlen Lichtschein einer einzelnen Laterne noch eine Bank ausmachen. Liegt dort jemand? Ich kann es nicht genau erkennen und beschleunige meine Schritte. Dort auf der Bank liegt tatsächlich jemand! Es ist zu dunkel, um zu erkennen, wer das ist. Mit einigen Schritten Abstand rufe ich Faris' Namen. Die Person auf der Bank regt sich.

„Faris?"

Die Person setzt sich mit großer Mühe auf und wendet den Kopf in meine Richtung.

„Faris? Bist du das? Bist du okay? Was ist mit dir?"

Es ist tatsächlich Faris. Er schaut immer noch in meine Richtung, aber sein Blick ist leer, er guckt durch mich hindurch.

„Faris, was ist mit dir?"

Schweigen.

„Weißt du, wer ich bin?"

Seine Augen tasten suchend über mein Gesicht.

Er nickt.

„Faris, was ist passiert? Was hast du gemacht?“

Er schweigt und wendet sich ganz langsam von mir ab. Wie in Zeitlupe greift er in seinen Rucksack und holt zwei Gegenstände hervor, die er neben sich auf die Bank legt. Der eine ist eine leere Schnapsflasche, der andere eine leere Packung frei verkäuflicher Schlaftabletten.

„Faris!“ Fast schreie ich ihn an. „Faris, das ist keine Lösung! Ich weiß, du hast viele Probleme, und der Vormittag heute war beschissen, aber das ist keine Lösung! Damit machst du alles nur noch viel schlimmer!“

Faris schaut zu Boden, zeigt keine Regung und sagt gar nichts. Ich bin entsetzt. Ich setze mich neben ihm auf die Bank, lege meine Hand auf seine Schulter und mache ihm deutlich, welche Sorgen ich um ihn hatte und wie froh ich bin, ihn endlich gefunden zu haben. Faris starrt zu Boden und schweigt.

„Hast du einen Asthmaanfall gehabt?“

Schweigen.

„Panik?“

Schweigen.

„Wo warst du? Wie lange liegst du schon hier?“

Schweigen.

„Faris ...?“

Schweigen.

„Faris, du brauchst dringend Hilfe! Ich rufe jetzt den Rettungsdienst, wir müssen gucken, ob alles in Ordnung ist mit dir …“

Faris reißt sich unvermittelt los, springt auf und rennt schwankend Richtung Fluss.

„Halt! Mach keinen Quatsch, das ist doch keine Lösung!“

Zwei Meter vom Ufer entfernt hole ich ihn ein und stelle mich ihm in den Weg. Schwer atmend starrt er mich an.

„Faris, bitte! Tue nichts, was deine Situation noch schlimmer macht! Es wird nicht besser, wenn du ins Wasser springst. Glaubst du, ich schaue dir dabei zu und lasse das einfach so geschehen? Damit wird doch alles nur noch viel schlimmer! Komm, lass‘ uns umkehren. Komm mit, hoch auf die Bank!“

Er kommt mit, aber er schweigt noch immer.

„Faris, was soll denn jetzt werden? Du gehörst ins Krankenhaus, das ist im Moment der beste Ort für dich …“

„Niemals!“, schreit er. „Ich gehe niemals wieder in ein Krankenhaus! Dort werde ich nicht gesund, dort werde ich noch kränker. Du kannst machen, was du willst, aber ich gehe nicht ins Krankenhaus! Hole den Rettungsdienst, hole ihn nur, ich werde nicht mitfahren. Lieber gehe ich dahin“, er deutet auf den Fluss, „ich gehe in kein Krankenhaus!“

Diese Sätze strengen ihn furchtbar an, seine Stimme überschlägt sich und wird immer schwächer. Faris sinkt auf der Bank zusammen und zittert am ganzen Körper. Die Nacht ist fortgeschritten und kalt.

„Okay, Faris. Ich weiß ja, dass du schlechte Erfahrung mit Krankenhäusern gemacht hast. Ich kann deine Abneigung verstehen und auch, dass du da nicht hinwillst. Aber du kannst nicht die ganze Nacht auf dieser Bank hier bleiben!"

Schweigen.

„Ich will dir helfen! Wenn du schon nicht ins Krankenhaus willst, dann musst du morgen in die Akutsprechstunde von Dr. Hoffmann. Und bis dahin kannst du weder hier auf dieser Bank, noch allein bleiben. Also: Wo willst du hin?"

Schweigen.

„Soll ich dich in deine Unterkunft zurückbringen?"

Schweigen.

„Willst du mit zu mir kommen?"

Faris schluchzt laut auf. Er legt sich wieder auf die Bank.

„Faris, du kannst nicht hierbleiben. Ich erfülle dir deinen Wunsch, dich nicht ins Krankenhaus zu bringen. Aber dafür musst du morgen zu Dr. Hoffmann gehen und bleibst bis dahin auf keinen Fall alleine. Willst du in deine Unterkunft, willst du zu deinen Freunden in den Sandweg, oder willst du bei mir übernachten? Wohin soll ich dich bringen?"

Faris schluchzt noch immer.

Ich setze mich neben ihn und lege noch einmal meine Hand auf seine Schulter. Er zittert immer noch, vor Kälte und Angst.

„Ich schäme mich so!“, flüstert er plötzlich.

„Du schämst dich? Aber wofür denn? Du hast doch gar keinen Grund?“

„Ich schäme mich, weil du mich in diesem Zustand siehst. Ich wollte unbedingt vermeiden, dass du mich so siehst. Ich dachte nicht, dass du bis hierher kommen würdest.“

„Aber Faris ...“

Wieder Schweigen. Lange.

„Du musst mir noch sagen, wo du hinwillst!“ Schweigen.

„Los, komm, wir gehen jetzt zum Auto und fahren nach Hause!“

Faris erhebt sich mühevoll und kommt langsam mit. Als er im Auto sitzt und mich anschaut, laufen ihm schon wieder die Tränen übers Gesicht.

„Danke ...“, flüstert er kaum hörbar, „vielen Dank! Ich schäme mich so ...“

Und als ob ich ihn dadurch nicht mehr sehen könnte, versteckt er sein Gesicht hinter beiden Händen und nimmt sie nicht mehr weg, bis wir aussteigen.

Dr. Hoffmann, Faris' Psychotherapeut, behandelt ihn die nächsten Male ohne Kostenzusage. Faris jedoch stabilisiert sich nur mühsam. Dieses weitere Trauma rund um die Begutachtung hat ihn weit, weit zurückgeworfen. Immerhin fällt das sozialpsychiatrische Gutachten in seinem Sinne aus, und der Kostenträger übernimmt seither anstandslos die Behandlung.

Wenig später jedoch wird Faris vom selben Kostenträger schriftlich aufgefordert zu erklären, warum es zu den vielen Notarzteinsätzen kommt. Es wird angezweifelt, dass diese alle notwendig sind. Wieder fühlt sich Faris als Simulant abgestempelt.

Auf die Antwort hin, die ich in seinem Auftrag und Namen schreibe, fordert das Sozialamt nun das Gutachten eines Lungenspezialisten und eine medikamentöse Behandlung durch diesen – und nur durch diesen! Es wird eine enge Frist gesetzt, bis wann die Erstvorstellung zu erfolgen hat. Wie viele Monate habe ich vergebens versucht, Faris in eine regelmäßige Versorgung durch einen Allgemeinmediziner oder Internisten zu vermitteln! Immer wurde das verweigert, nun muss es auf einmal ein Lungenspezialist sein, und das am liebsten auch noch von heute auf morgen? Das ist absurd! Doch es gelingt mir tatsächlich, für Faris innerhalb der gesetzten Frist einen Termin in einer einschlägigen Praxis zu ergattern. Groß ist die Begeisterung nicht, als ich das Anliegen schildere und um einen Termin bitte. Doch auch dieses Gutachten fällt zu Faris Gunsten aus. Die Einstellung auf Medikamente, die er gut verträgt und die die allergische Komponente seines Asthmas besser kontrollierbar machen, ist allerdings schwierig. Etliche Mittel verursachen bei ihm schwere Nebenwirkungen, allergische Reaktionen kommen hinzu. Schlussendlich findet der Pulmologe[9] ein Mittel, unter dem die Anfälle deutlich seltener auftreten, leichter verlaufen, und das Faris gut verträgt.

Allerdings ist dem Sozialamt der Preis eben jenes Medikamentes zu hoch, weshalb es die Kostenübernahme dafür verweigert. Die Behörde fordert den Pulmologen auf, Faris ein billigeres Mittel zu verordnen und schlägt auch gleich eines vor, dessen Wirkstoff und Wirkungsweise sich jedoch grundlegend von dem verordneten Präparat unterscheiden und das im konkreten Fall weder angezeigt ist, noch vertragen wird. Welch ungeheure Anmaßung!

Damit beginnt bei jedem eingereichten Rezept aufs Neue ein Kampf um die Kostenübernahme. Denn die wird grundsätzlich erst einmal verweigert, jedes Mal bedarf es einer neuen schriftlichen Erklärung, warum für Faris nur dieses und kein anderes Medikament infrage kommt. Oft ist das Mittel aufgebraucht, ehe die Kostenzusage für das nächste Rezept vorliegt. Regelmäßig verschlechtert sich während dieser Therapieunterbrechungen, zu denen es zwangsläufig kommt, sein Zustand so, dass wieder der Notarzt gerufen werden muss. Im Verlauf der nächsten Monate werden zahlreiche weitere Gutachten und Gegengutachten angefordert und erstellt – alle besagen, dass für Faris nur dieses und kein anderes Medikament indiziert ist. Termine über Termine, jedes Mal muss sich Faris wieder aufs Neue erklären, immer wieder rechtfertigen, immer wieder sämtliche Befunde einreichen, immer wieder alle möglichen Untersuchungen über sich ergehen lassen, die er schon …zig Mal hatte – und die alle (neben der psychischen) *auch* eine allergische Komponente seines Asthmas bestätigen. All das belastet Faris extrem und ist seinem allgemeinen Gesundheitszustand wenig zuträglich. Wenn das so weiter geht, sehe ich den nächsten Rückfall in greifbarer Nähe. Um dies zu verhindern, interveniere ich mehrfach, schreibe Briefe, erscheine regelmäßig jeden Monat mit einem neuen Rezept persönlich auf dem Amt. Der Ton der Beamten war dabei von Anfang an nicht freundlich und wird immer ungehaltener, je öfter ich allein oder gemeinsam mit Faris erscheine. Man sieht mich nicht gern dort:

„Sagen Sie mal, wer sind Sie eigentlich? Was wollen Sie überhaupt hier?“, poltert der zuständige Sachbearbeiter mich eines Tages an und springt auf, als wolle er mich über seinen Schreibtisch ziehen.

„Wer ich bin?“, entgegne ich ruhig. „Cornelia Dürkhauser, Fachärztin für Anästhesie und Intensivmedizin, Inhaberin der Flüchtlingsambulanz und persönliche Betreuerin von Herrn Faris

Ashkani. Was ich möchte? Dass Sie endlich aufhören, vorsätzlich seine Gesundheit zu gefährden, indem Sie die Kostenzusage seiner lebensnotwendigen Medikamente verweigern und deswegen Notarzteinsätze provozieren, die vermeidbar und nicht nötig wären, wenn Herr Ashkani regelmäßig seine Medizin aus der Apotheke holen könnte. Aber das kann er nicht, weil Sie seine Rezepte nicht abstempeln!“

Ich rechne außerdem im Detail vor, dass ein *einziger* Notarzteinsatz mit RTW und NEF[10] inklusive Personal-, Medikamenten- und Treibstoffkosten etwa zehnfach teurer ist, als die für Faris verordneten Medikamente im *Quartal*!

Furchtbar konsterniert, wortlos und puterrot im Gesicht, setzt der Sachbearbeiter endlich seinen Stempel ...

Ambulanzsprechstunde. Zur korrekten und eindeutigen Zuordnung von Befunden und Anweisungen an die Heimleitung dokumentieren wir nicht nur Namen und Geburtsdatum unserer Patienten, sondern auch deren Zimmernummer. Das ist wichtig, weil sich Namen oft wiederholen, Vor- und Nachnamen nicht immer eindeutig zu unterscheiden sind oder ihre Reihenfolge unterschiedlich angegeben wird, oder manchmal auch der Name ein und derselben Person in verschiedener Schreibweise auftaucht.

Der nächste Patient betritt das Sprechzimmer, ich frage wie immer die persönlichen Daten ab (er gibt mir dafür seinen Registrierungsbeleg) und möchte seine Zimmernummer wissen. Der Patient schaut mich fragend an. Ich wiederhole meine Frage – er lächelt unsicher und will mir seine Beschwerden verdeutlichen. Bevor ich mich jedoch ganz auf das konzentrieren kann, was er mir mitteilen will, möchte ich gern noch wissen, in welchem Zimmer er wohnt.

Ich nehme Zettel und Bleistift, male ein Schild, schreibe eine Nummer hinein und frage ihn erneut. Hilflos zuckt er mit den Schultern. Ich male eine Tür mit einem Schild, auf dem eine Nummer steht, daneben ein großes Fragezeichen und wiederhole meine Frage. Verlegen und fragend schaut er mich an. Ich zeichne nun ein komplettes Zimmer mit Bett, Tisch, Stuhl und Schrank, in das eine Tür führt, an der ein Schild hängt, auf dem die Zimmernummer steht. Er sieht mir aufmerksam beim Zeichnen zu. Ich nenne seinen Namen, zeige auf das gezeichnete Zimmer, auf die Tür, auf das Schild, auf die Nummer mit fragender Miene. Doch er versteht immer noch nicht und schämt sich offensichtlich dafür. Ich aber muss ein wenig schmunzeln und bin mir sicher, in Kürze zu wissen, in welchem Zimmer er wohnt.

Ich nehme meine eben angefertigte Skizze und bitte ihn, mit mir vor die Tür der Ambulanz zu treten. Als ehemaliges Hotelzimmer trägt nämlich auch sie noch ihre Nummer. Mein Ansinnen stößt bei meinem Patienten auf entsetzte Ablehnung, denn er glaubt, dass ich ihn ohne Untersuchung und Behandlung hinauskomplimentieren möchte. Natürlich möchte ich das nicht, sondern nur seine Zimmernummer wissen! Freundlich und sanft, aber bestimmt schiebe ich ihn vor die Tür des Sprechzimmers. Ich nenne meinen Namen, deute in mein Sprechzimmer, zeige auf das Türschild mit der Nummer. Ich nenne seinen Namen, halte ihm die Zeichnung des Zimmers unter die Nase und zeige auf die Tür mit dem Nummernschild. Mit der Geste großer Erleichterung lacht der Mann laut auf. Unverzüglich holt er seinen Zimmerschlüssel aus der Hosentasche, auf dem groß eine 137 eingraviert ist …

Ich stimme herzlich in sein Lachen ein, bitte ihn wieder herein und biete ihm erneut den Platz an, auf dem er vorhin schon gesessen hat. Er entschuldigt sich mehrfach und muss immer wie der lachen. Ich glaube, die ganze Szene war ihm ziemlich peinlich. Lachend schüttelt er seinen Kopf. Das Anamnesegespräch verläuft zügig in gewohnter Weise, gelöst und fröhlich und ohne weitere Missverständnisse.

In den nächsten Monaten sehe ich den Mann noch oft auf dem Gelände des Heims. Stets grüßt er mich freundlich winkend und lachend seinen Schlüssel schwenkend.

Die nächste Patientin ist eine junge Frau mit einem neugeborenen Baby. Das Kind ist krank, es hustet und aus einer Nase läuft Eiter. Die Mutter ist völlig erschöpft und verzweifelt. Sie ist abgemagert und hat Fieber. Sie schildert mir gestenreich und sehr plastisch dramatische Ereignisse: Sie hat sich ganz allein auf die Flucht begeben, hat tausende Kilometer zu Fuß zurückgelegt. Unterwegs bemerkt sie ihre Schwangerschaft. Einige Monate später bringt sie in einer regenkalten Nacht auf einem schlammigen Acker völlig auf sich allein gestellt ihr Kind zur Welt. Sie weiß nicht genau, in welchem Land sie sich da befindet. In Mazedonien? Oder doch schon in Serbien? Vier Wochen ist das jetzt her. Sie hat keine persönlichen Sachen, nur die Kleidung, die sie am Leib trägt. Sie hat keine Windeln und keine Kleidung für ihre kleine Tochter, auch keine Decke. Sie hat keine Zeit zum Rasten. Nur weiter, immer weiter! Sie trägt das Baby unter ihrer Kleidung eng an ihre Brust geschmiegt. Es ist ihre einzige Möglichkeit, es warmzuhalten. Gestern Nacht ist sie am Münchener Hauptbahnhof angekommen, bekam Kleidung geschenkt und eine Decke für sich und ihr Baby, konnte etwas essen und sich ein wenig ausruhen. Sie fragt nach einem Arzt oder einer Klinik, aber man sagt ihr, das wäre jetzt nicht so wichtig und hätte Zeit, bis sie der Erstaufnahmeeinrichtung zugewiesen worden sei. Die Registrierung und der Transport gehen überraschend schnell, heute früh ist sie hier im Hotel eingezogen. Zum ersten Mal hatte sie die Gelegenheit, ihr Baby zu baden. Und endlich kann sie sich und ihr Kind in der Ambulanz vorstellen. Ich weise die beiden ins Krankenhaus ein.

Ich begegne Mutter und Kind später noch regelmäßig. Sie bleiben sehr lange in der Erstaufnahme. Die Kleine entwickelt sich gut und zeitgerecht. Ab und zu stellt mir die junge Frau ihre Tochter noch wegen banaler Infekte vor. Zum letzten Mal sehe ich sie als ein fröhliches Kleinkind auf einem Plastikauto umherflitzen, dann werden Mutter und Kind verlegt und es verliert sich ihre Spur. Wo auch immer sie sind – ich hoffe, es geht ihnen gut.

25 – Auf der Straße

Von der Erstaufnahmeeinrichtung werden die Flüchtlinge – in der Regel, nachdem sie ihren Asylantrag stellen konnten – in eine Übergangseinrichtung weiterverlegt. Das kann eine Gewährleistungswohnung mit oder ohne WG-Charakter sein oder eine Gemeinschaftsunterkunft mit Heimstruktur. Es besteht jedoch keine Garantie, dass sie in der einmal zugewiesenen Einrichtung bleiben können, bis der Asylantrag entschieden ist. Oft habe ich erlebt, dass Flüchtlinge mit all ihren Habseligkeiten umziehen und manchmal im Abstand von wenigen Wochen oder gar Tagen drei, vier, fünf Mal die Unterkunft wechseln müssen. Aber auch, wenn sie schon seit Monaten häuslich eingerichtet sind, kann plötzlich ein amtlicher Bescheid kommen, der sie verpflichtend einer neuen Bleibe zuweist. In der bisherigen Einrichtung dürfen sie sich dann ab dem genannten Umzugsdatum nicht mehr aufhalten. Oft ergehen diese Bescheide extrem kurzfristig, manchmal sogar von einem Tag auf den anderen. Gründe oder ein System habe ich dahinter nie erkannt, denn es gibt andererseits auch diejenigen, die jahrelang in derselben Einrichtung auf die Entscheidung des BAMF warten.

Freitagnachmittag erhalte ich einen Anruf von Ibrahim. Ich kenne ihn und seinen Freund Mohammed noch aus der Erstaufnahme. Er und sein Landsmann sollten heute von Amts wegen ihr Zimmer im Heim im Sandweg räumen und sich stattdessen laut Zuweisungsbescheid in der Einrichtung Münsterstraße 8 melden. Das haben sie gemacht, aber sie wurden dort wieder weggeschickt. In der Münsterstraße 8 wusste man nämlich gar nichts von zwei geplanten Neuzugängen und hatte auch überhaupt keine freien Kapazitäten. Das Heim war nicht nur voll, sondern überbelegt. Die beiden fuhren quer durch die Großstadt in den Sandweg zurück, erhielten dort aber nur ein Schulterzucken und keinen Einlass mehr. Ihre beiden ehemaligen Plätze waren schon wieder belegt. Ibrahim versucht, auf der zuständigen Behörde anzurufen, aber am Freitagnachmittag war niemand mehr zu erreichen.

Was also tun? Conny anrufen!

Zuerst glaube ich an ein Missverständnis. Die Münsterstraße ist nämlich viele Kilometer lang, und an deren anderem Ende, in einem völlig anderen Stadtviertel, befindet sich ein weiteres Übergangswohnheim. Sicher liegt einfach eine Verwechslung vor. Vielleicht ist die falsche Hausnummer angegeben oder die beiden haben irgendetwas in dem Papier nicht richtig verstanden. Ich möchte mir deshalb gern die Bescheide ansehen.

Ich fahre zu der Bushaltestelle in der Nähe des Sandwegs, von der aus sie mich angerufen haben. Da sitzen die beiden im Wartehäuschen und wissen nicht wohin. In ihren Papieren steht als neue Adresse tatsächlich Münsterstraße 8. Aber waren sie auch wirklich dort? Oder sind sie versehentlich in die falsche Richtung gefahren und am anderen Ende herausgekommen? Beide versichern mir, an der richtigen Adresse gewesen zu sein. Ich rufe dort an und bekomme bestätigt, was mir Ibrahim und Mohammed erzählen – ja, sie waren da, aber man hat keine Informationen über Neuzugänge und auch keine freien Betten.

Dann kann es ja eigentlich nur noch das Heim in der Münsterstraße 295 sein. Dort rufe ich als Nächstes an und erhalte überraschenderweise die gleiche Antwort wie zuvor: keine Zugänge erwartet, voll belegt, keine Kapazität. Da stehen nun Ibrahim und Mohammed buchstäblich auf der Straße, weil durch irgendeinen Fehler im System ihre Umverteilung, wie es auf Amtsdeutsch heißt, schiefgegangen ist. Es ist Freitagnachmittag, in den Ämtern arbeitet längst niemand mehr. Es bringt auch nichts, sämtliche Heime abzutelefonieren, am Ende sollten sie vielleicht gar in eine Gewährleistungswohnung ziehen, in denen es weder Leitung noch Security gibt und man demzufolge auch niemanden anrufen kann.

Und nun? Nun habe ich übers Wochenende zwei Schlafgäste. Ich richte das Gästezimmer her. Es ist ihnen peinlich, dass sie mir Umstände machen. Sie wollen nicht, dass ich die Betten beziehe, sie wollen auch meine Handtücher nicht. Sie möchten mir so wenig wie möglich Aufwand bereiten und es ist ihnen höchst unangenehm, dass ich wegen ihnen Arbeit habe. Aber wer bei mir schläft, bekommt selbstverständlich Bett, Handtuch und Frühstück – meine Gäste behandle ich alle gleich. Dafür laden Ibrahim und Mohammed uns zum Essen ein. Sie verschwinden noch einmal kurz für ein paar Einkäufe und übernehmen dann die Regie in der Küche. Wir verbringen einen netten Abend bei gutem Essen und tiefsinnigen Gesprächen über ernste Themen. Danach putzen sie meine Küche, hinterlassen sie sauber und picobello aufgeräumt.

Am Montag verlasse ich früh das Haus, ich muss auf Arbeit und mich natürlich auch um ihre neue Bleibe kümmern. Ibrahim und Mohammed schlafen noch, als ich gehe. Auf dem zuständigen Amt entschuldigt man sich immerhin: Sie hätten aufgrund eines Computerfehlers keine Informationen über aktuelle Belegungszahlen und freie Plätze gehabt. Ich bekomme die neue Adresse genannt – aber ohne das entsprechende Schriftstück können die beiden dort nicht einziehen. Wohin das Schreiben den zugestellt werden soll? Gar nicht zustellen, sage ich, Mohammed und Ibrahim werden sich ihre Bescheide persönlich abholen.

Telefonisch erläutere ich Ibrahim, was sie tun sollen. Diesmal klappt alles, sie holen sich ihre Zuweisungsbescheide vom Amt, fahren im Anschluss zu ihrer neuen Adresse und werden dort tatsächlich schon erwartet. Als ich nach Hause komme, sind die Betten abgezogen und das Gästezimmer gereinigt. Auf dem Tisch steht ein riesiger Blumenstrauß.

Wütend ruft mich der Heimleiter aus der Perlacher Straße an. Mustafa hat sich daneben benommen, es sei nicht das erste Mal gewesen. Ob ich dafür sorgen könne, dass so etwas nicht noch einmal vorkommt und er sich ab sofort an die Regeln hält?

Nein, das kann ich nicht! Der Heimleiter muss doch in der Lage sein, Konflikte zu lösen, notfalls gemeinsam mit dem Sicherheitsdienst oder der Polizei?! Stattdessen lässt er am Telefon mir als unbeteiligter Person gegenüber eine Schimpftirade ab und redet sich heftig in Rage. Was habe ich damit zu tun? Ich bin eine ehrenamtliche Helferin, die sich freiwillig um das gesundheitliche und soziale Wohl der Bewohner kümmert, sonst nichts. Mir gegenüber hat sich Mustafa bisher immer korrekt verhalten. Das muss freilich nichts heißen, aber was kann ich dafür oder daran ändern, wenn er jetzt in einen Konflikt verwickelt ist? Ich sehe eine Schlichtung nicht als meine Aufgabe an. Die Männer sind schließlich erwachsen und müssen das untereinander regeln.

Mir ist es wichtig, meine neutrale Position zu wahren. Solange Mustafa das Geschehen nicht erwähnt, werde ich ihn auch nicht darauf ansprechen.

Leider ruft mich gar nicht viel später der aufgebrachte Mustafa an, beschwert sich bitter über den Heimleiter und berichtet mir seine Version der Geschichte. Er fordert mich auf, dem Heimleiter gegenüber seine Position zu vertreten und ihm einmal ordentlich die Meinung zu sagen. Was ich von Mustafa zu hören bekomme, ist natürlich etwas völlig anderes als das, was mir der Heimleiter erzählt hat.

Der eine petzt, der andere petzt - ich bin entsetzlich genervt über diesen Kindergarten und sage Mustafa, dass ich zwar durchaus seinen Ärger verstehe, aber beim besten Willen nicht weiß, wer von ihnen beiden denn nun recht hat. Ich war schließlich nicht dabei.

Mehr kann ich nicht sagen, denn ohne ein weiteres Wort legt Mustafa auf. Für mich ist diese Angelegenheit damit beendet und zu den Akten gelegt. Er wird sich schon wieder beruhigen. Bald werden sich die Hitzköpfe abgekühlt und die Wogen geglättet haben.

Einige Tage später hat Mustafa einen Termin, den ich eigentlich begleiten wollte. Um die Details abzusprechen, versuche ich mehrfach, ihn anzurufen, aber er hebt nie ab und reagiert auf keine meiner Textnachrichten. Spielt er etwa jetzt auch noch die beleidigte Leberwurst? Wenn wir den Termin nicht absprechen können, dann muss er ihn eben allein wahrnehmen. Und wenn er das nicht möchte, dann ist es an ihm, sich bei mir zu melden. Ich versuche es nicht noch einmal.

Der Termin vergeht, ich weiß nicht, ob Mustafa hingegangen ist und, falls ja, was das Ergebnis ist. Ich frage ihn danach, aber ich erhalte wieder keine Antwort. Das macht mich wütend.

Wegen so einer banalen Sache nicht mehr mit mir zu reden! Ich gebe es auf. Wenn er nicht will, dann muss er es eben lassen.

Irgendwann begegne ich Mustafa zufällig im Treppenhaus. Ich grüße ihn, frage, wie es ihm geht und warum er denn nicht mehr mit mir spricht. Mustafa steht vor mir wie kleiner Junge, der die Prügel seiner Eltern oder zumindest deren Strafpredigt erwartet. Die halte ich nicht, aber ich frage schon nach, warum er mich so konsequent ignoriert. Sichtlich irritiert und ratlos über das, was er als Nächstes tun oder antworten soll, murmelt er ein zaghaftes „Hallo!“, ohne mich anzuschauen. Die Treppe ist nicht der geeignete Ort, um wieder ins Gespräch zu kommen, und so bitte ich ihn, mit mir in den Gemeinschaftsraum zu gehen. Mit gesenktem Kopf und hängenden Schultern folgt er mir.

„Was ist denn los?“, frage ich noch einmal.

Zaghaft und mich immer noch nicht anschauend bedankt er sich dafür, dass ich ihn angesprochen habe, und entschuldigt sich bei mir. Aber wofür eigentlich?

„Hier in Deutschland ist das anders ... Wir sind zu verschieden. Du verstehst mich nicht.“

Was verstehe ich nicht? Was ist hier anders?

„Bitte erkläre mir, was du meinst, Mustafa. Ich glaube, ich verstehe dich im Moment wirklich nicht. Ich möchte dich aber gerne verstehen, doch dafür musst du mir erklären, wie du das meinst. Was ist hier anders? Und wie ist es bei euch?“

Mustafa holt tief Luft, gibt sich einen sichtlichen Ruck und eröffnet mir einen tiefen Einblick in das Gesellschaftssystem seiner Heimat:

Die Familie hält eng zusammen und steht an allererster Stelle. Dieser Zusammenhalt ist aber an eine strenge (Alters-)Hierarchie gekoppelt, deren Regeln jeder seinem Rang entsprechend bedingungslos zu folgen hat. Tut ein Familienmitglied das nicht, muss es mit harten Bestrafungen der Älteren, Ranghöheren rechnen. Umgekehrt erwarten diese, dass der Jüngere die Sanktionen ohne Protest und Klage hinnimmt. Besonderer Respekt gebührt dabei beiden Eltern.

Menschen, die in einem so streng hierarchisch organisierten System aufgewachsen sind, ordnen sich selbst in jede neue Gruppe, in die sie eintreten, genauso hierarchisch ein. Ich bin zwar mehr als doppelt so alt wie Mustafa und habe überdies einen respektablen Beruf, aber ich war mir dessen nicht bewusst, dass er mich dadurch automatisch als ganz wesentlich ranghöher betrachtet. Dadurch konnte ich seine Erwartungen, die an diese Rolle geknüpft sind und die er unbewusst an mich herangetragen hat, auch nicht erfüllen. Demzufolge habe ich mich für ihn genauso unverständlich verhalten wie er sich für mich.

Wenn nämlich im Falle eines Konfliktes ein rangniederes Familienmitglied ein ranghöheres um Hilfe bittet, so wird es diese Unterstützung in jeden Fall bekommen. Diese Hilfe ist kein „Kann“ oder „Vielleicht“, sondern eine Gewissheit, die selbstverständlich ist und als selbstverständlich vorausgesetzt wird. Absolut gewiss ist dabei auch, dass die Familie auf der Seite des Angehörigen steht, seine Worte als die Wahrheit erachtet und sein Verhalten deckt. Der Betreffende wird von seiner Familie nie ein „das hast du falsch gemacht" hören – oder nur bei ganz extremen Vergehen. Das bei uns übliche neutrale und abwartende „wie kann ich wissen, wer von beiden recht hat, wenn ich nicht dabei war", was ja eine gewisse Distanzierung bedeutet, ist in Mustafas Heimat völlig unbekannt.

Meine Ablehnung, diese Vermittlerrolle einzunehmen, war für ihn ein grober Affront, eine völlig unerwartete Reaktion, die er wiederum konform zu seiner kulturellen Identität interpretierte: Die Weigerung des Älteren, für einen Jüngeren einzustehen, kommt einem Verstoß, einem Ausschluss aus der Gemeinschaft gleich. Das ist eine der höchsten vorstellbaren Strafen, entsprechend groß muss das Vergehen sein. Der Verstoßene hat gegenüber seiner (ehemaligen) Familie bzw. Gemeinschaft aber immer noch Regeln einzuhalten – er darf zum Beispiel nicht mehr mit Ranghöheren sprechen und nicht von sich aus den Kontakt zu ihnen suchen.

Während ich mich also aus dem „Kindergarten" heraushielt, der Sache wenig Bedeutung beimaß und zum normalen Alltagsgeschehen überging, sah das alles für Mustafa viel dramatischeren aus:

Ich, die ranghohe Respektsperson, habe ihm mit meiner Weigerung zu vermitteln signalisiert, dass ich mit ihm nichts mehr zu tun haben will, ich habe ihn sozusagen verstoßen. Damit hat er natürlich nicht gerechnet. Er hat sich unheimlich viele Gedanken darüber gemacht, was er denn getan hat, dass ich ihn derartig hart bestrafe. Gleichzeitig hat er diese Tatsache aber akzeptiert und sich im kulturellen Kontext regelkonform verhalten, indem er nicht mit mir gesprochen und erst recht keinen Kontakt zu mir aufgenommen hat. Auf ein „wenn er etwas von mir will, dann muss er sich melden“, hätte ich also lange und vor allem vergeblich gewartet.

Noch viel fremder ist für Mustafa, dass ich den Kontakt zu ihm suche, dass ich Fragen stelle und ihn zum Reden auffordere. Denn ein einmal Verstoßener wird nie wieder in die Gruppe aufgenommen, niemand wird sich je darum bemühen, den Kontakt wieder herzustellen. Davon, dass ich noch mit ihm rede und ihn sogar auffordere zu erzählen, ist Mustafa tief beeindruckt.

Wir haben es hier mit einem klassischen Beispiel interkultureller Missverständnisse zu tun. Die kulturelle Prägung ist ein so grundlegender Bestandteil der eigenen Persönlichkeit, dass manche Dinge als absolut unumstößlich verinnerlicht werden. Dass dasselbe Problem in einer anderen Kultur völlig anders gelöst werden könnte, liegt jenseits unserer Vorstellungskraft. Diesem Phänomen sind wir beide erlegen. Dabei haben wir nichts anderes getan, als uns unserer jeweiligen Identität entsprechend kulturkonform zu verhalten.

Mustafa hat mir natürlich nicht nur über das System seiner Heimat berichtet, sondern ich habe ihm auch erklärt, was bei uns in Deutschland üblich ist. Es war eines der interessantesten und aufschlussreichsten Gespräche, das ich je mit einem Flüchtling geführt habe.

Ich bin fasziniert von den Denkweisen und Selbstverständlichkeiten anderer Kulturen und nachdenklich darüber, was ein kleines Missverständnis alles anrichten kann. Wir haben daraus beide sehr viel gelernt – vor allem, dass man mit Hartnäckigkeit und gutem Willen Gräben überwinden kann.

27 – Die Impfstoffposse

Mitglieder unserer Landesregierung statten im Herbst 2015 einem ortsansässigen Pharmaunternehmen einen Besuch ab und erkundigen sich angesichts des durch den Flüchtlingsstrom zu erwartenden erhöhten Bedarfes über die Produktion des Grippeimpfstoffes für die bevorstehende Saison. Ihnen ist gleichzeitig bekannt, dass am Tag ihres Besuches im Landkreis noch nicht genügend Impfdosen sowohl für die eigene Bevölkerung, als auch für die Asylbewerber im Bestand des Gesundheitsamtes sind. (Die fehlenden Impfdosen sind jedoch bereits bestellt.) Das veranlasst die Regierungsvertreter spontan dazu, ohne jegliche Ab- oder Rücksprache mit den zuständigen Verantwortlichen, die gesamte Monatsproduktion an Grippeimpfstoff aufzukaufen und zweckgebunden für die zugewiesenen Asylbewerber zu spenden – fünftausend Impfdosen.

Daraus ergeben sich folgende Probleme: Das Pharmaunternehmen kann Lieferverpflichtungen aus früheren Bestellungen nicht einhalten. Im gesamten Landkreis leben keine fünftausend Flüchtlinge, nicht mal inklusive der Bewohner der Erstaufnahmeeinrichtungen, die unter die Zuständigkeit des Bundes fallen. Zweckgebundene Spenden dürfen nicht für andere als die festgelegten Dinge eingesetzt werden. Es ist also unmöglich, den Impfstoff z. B. für die eigene Bevölkerung zu verwenden. Die Mitarbeiter des Gesundheitsamtes haben ein riesengroßes Problem mehr, das völlig unnütz ist und nicht hätte sein brauchen. Auf jeden Fall hält sich die Freude über den plötzlichen Serum-Regen sehr in Grenzen. Da keine fünftausend Asylbewerber im Landkreis leben und die Impfdosen nicht anderweitig verwendet werden dürfen, werden sie also nicht aufgebraucht werden. Der Rest wird verfallen und vernichtet werden müssen. Und das, obwohl anderswo dringend dieser Impfstoff benötigt würde.

Mit rauchenden Köpfen wird beraten, was nun zu tun sei. Dem Leiter des Gesundheitsamtes tut es in der Seele weh, die Impfdosen verfallen zu lassen und wegwerfen zu müssen. So wurde nach internen Absprachen der Impfstoff in andere Landkreise weiterverschenkt und die Zweckbindung großzügig ausgelegt – von zugewiesenen auf alle Asylbewerber.

Auf diese Weise komme auch ich für meine Flüchtlinge im Hotel in den Genuss von einigen hundert Impfdosen. Was mich wiederum, von der unbändigen Freude über die unerwartete milde Gabe kurz vor Weihnachten einmal abgesehen, vor das Problem der Lagerung stellt und für Kühlschrank-Ressentiments auf Arbeit führt: Impfstoffe müssen gekühlt gelagert werden, diese Möglichkeit gibt es in der Ambulanz in der Erstaufnahmeeinrichtung nicht. In meiner Abteilung der Klinik jedoch gibt es dafür zugelassene Kühlschränke mit freien Kapazitäten. Aber diese Kühlschränke für Medikamente zur Verfügung zu stellen, die für Flüchtlinge vorgesehen sind, wird kategorisch abgelehnt und verweigert. Eine nette, hilfsbereite Kollegin, die zufällig davon erfuhr, bietet mir freundlicherweise einen entsprechenden Kühlschrank in ihrer eigenen Abteilung an.

28 – Schokolade

Felix ist, wie alle Kinder, sehr an meinem Beruf und meiner Arbeitsstelle interessiert. Zu gern würde er mich einmal in meiner Tätigkeit auf der Intensivstation erleben oder mir bei meiner Arbeit im Operationssaal zuschauen. Die Intensivstation kennt er, aber nur außerhalb meiner Dienstzeiten, und der OP ist für Kinder natürlich tabu.

Umso begeisterter ist er, als ich ihm anbiete, mich zur nächsten Sprechstunde in die Flüchtlingsambulanz zu begleiten. Es sind Schulferien, er könnte mit Freunden etwas unternehmen oder zur Oma gehen, aber er möchte unbedingt mit mir kommen. Ich habe auch eine Aufgabe für ihn: Ich werde heute impfen, und er kann die Aufkleber von den Serum-Packungen abziehen, auf die Dokumentationszettel kleben und meinen Stempel dahinter setzen, außerdem in einer Liste alle Namen abhaken. Er ist unglaublich stolz, sich nützlich machen zu dürfen, und nimmt mit wichtiger Miene neben mir am Schreibtisch Platz.

Felix wird von allen Patienten, egal ob männlich oder weiblich, ausgiebig und liebevoll begrüßt. Viele nehmen ihn in den Arm, ein Mann beginnt dabei zu weinen – der Junge erinnert ihn an seinen Sohn, der im Krieg starb. Auch die Tatsache, dass ich Mutter bin, wird außerordentlich positiv aufgenommen.

Felix genießt es nicht nur, meine Arbeit zu erleben und mir dabei zu helfen, sondern ebenso, im Mittelpunkt zu stehen. Felix ist der Star der Ambulanz.

Ich impfe heute auch Kinder. Deren Angst vor der Nadel ist gleich viel geringer als sie, meist sehr aufgeschlossen, den Kontakt zu Felix suchen. Ein Bonbon oder ein Stück Schokolade wird immer gern angenommen. Diese kleine Belohnung berührt viele Eltern:

„Wie gern hätte ich Fatima und Hamid Schokolade geben, aber das konnte ich nie. Schokolade ist für uns unerschwinglicher Luxus. Und jetzt bekommen sie sie von Ihnen ...“

Die Familie Mahmood, die heute Morgen komplett zum Impfen erscheint, kenne ich schon lange. Der Vater ist Diabetiker und kommt regelmäßig zur Blutzuckerkontrolle, die Mutter hat gynäkologische Probleme und bei einer früheren Konsultation ihren Mann, um mir diese Probleme zu schildern, bestimmt und energisch des Raumes verwiesen. Ihre vier Kinder im Alter von drei bis zwölf Jahren haben das, was Kinder so haben: einen Infekt nach dem anderen, und eines steckt das andere an, immer reihum. In der Enge eines 20-m²-Zimmers zu sechst ist das auch kein Wunder. Familie Mahmood kommt also gleich früh zum Impfen (die Blutzuckerkontrolle steht auch wieder an) und äußert ihr Entzücken über Felix. Ihr großer Sohn möchte am liebsten sofort mit dem gleichaltrigen Felix Fußball spielen, aber der zieht es vor, zunächst bei mir in der Sprechstunde zu bleiben. Das Fußballspiel wird nachgeholt, versprochen!

Wir unterhalten uns recht lange, es geht vor allem um Kinder. Ihre vier bekommen nach der Spritze natürlich auch ihre Schokolade. Auch ihre Eltern bedanken sich sehr dafür, auch für ihre Kinder ist Schokolade nur etwas für ganz besondere Anlässe.

Später wird es richtig voll und ich bin froh, als Schwester Anja zur Verstärkung eintrifft. Wir impfen heute fast hundert Patienten. Als der Strom zum Ende der Sprechzeit hin wieder etwas abebbt, machen wir drei eine kurze Verschnaufpause. Schwester Anja und ich sind knülle, aber Felix fragt beinahe enttäuscht, ob das schon alles war. Er ist begeistert und selig und bettelt darum, das nächste Mal wieder mit hierher kommen zu dürfen.

Kurz vor Ende der Sprechstunde kommt Herr Mahmood noch einmal herein. Na nun? Hat er noch ein Problem? Nein, kein Problem, er hat ein Anliegen aus tiefstem Herzen. Er möchte Felix etwas schenken: einen Schokoriegel! Er hat ihn in der Zwischenzeit extra gekauft.

Während Anja und ich aufräumen, spielen die beiden Jungs draußen Fußball. Und jedes Mal, wenn einer der Mahmoods zukünftig die Praxis betritt, erkundigt er sich nach Felix.

29 – Walid

Nicht nur Faris, auch Walid ist eines meiner chronisch kranken Sorgenkinder. Walid ist verhaltensauffällig und leidet seit seiner Kindheit an Epilepsie. Auch er hat auf der Flucht keine Medikamente. Sein Anfallsleiden verschlechtert sich darunter dramatisch, täglich kommen nun die Krämpfe, manchmal sogar mehrmals.

Zum ersten Mal sehe ich Walid in der Notaufnahme meiner Klinik – Passanten hatten ihn mit einem epileptischen Anfall auf dem Gehweg liegend aufgefunden. Er wird für ein paar Tage stationär aufgenommen, bekommt eine Standard-Medikation und wird mit der Aufforderung an den Hausarzt, die Medikamente ggf. anzupassen, zurück in die Erstaufnahmeeinrichtung entlassen. Walid hat aber keinen Hausarzt und findet lange Zeit auch keinen. Daran hat sich auch nach über einem Jahr nichts geändert.

So kommt Walid abwechselnd in unsere Sprechstunden oder in die Notaufnahme, wenn er mal wieder krampft. Aufgrund seiner Verhaltensstörung ist es schwierig, eine stabile Beziehung zu ihm aufzubauen. Manchmal ist er abweisend-schroff, dafür beim nächsten Mal völlig distanzlos. Ein angemessenes Maß zu finden fällt ihm schwer.

Als der Notarzt ihn mit einem seiner zahlreichen epileptischen Anfälle wieder einmal in die Klinik bringt, erwacht Walid von dem Geschehen völlig desorientiert, möchte gehen, aber wird daran gehindert, fühlt sich bedroht und verhält sich seinerseits so, dass sich das Personal bedroht fühlt. Deshalb wird er in eine neurologisch-psychiatrische Fachklinik eingewiesen. Aus dieser wird er nach einigen Wochen mit einer hervorragenden Einstellung seiner Epilepsie (er ist praktisch anfallsfrei) und wesentlich besserer Anpassung an Lebensumwelt und Sozialkontakte entlassen. Der Klinikaufenthalt hat ihm sichtlich gutgetan.

Walid findet nach seiner Entlassung zwar Weiterbehandlung durch einen niedergelassenen Neurologen, aber die Versorgung mit Medikamenten ist dadurch keinesfalls gesichert – auch sie sind, genau wie bei Faris, häufig aufgebraucht, ehe vom Amt die Kostenzusage für das nächste Rezept erteilt wird. So kommt es immer wieder zu fatalen Therapieunterbrechungen, für die Walid nichts kann und in denen wieder Krampfanfälle auftreten, die im Krankenhaus enden. Auch die Fortschritte, die er in der Klinik bezüglich seines Verhaltens gemacht hat, stürzen in sich zusammen. Walid ist überall der unbeliebte Außenseiter, der sich nicht anpassen kann und eine für einen Laien beängstigende Krankheit hat. Er wird gemieden und am liebsten nur von Weitem gesehen, auch von seinen Mitbewohnern im Heim. Vielleicht kommt Walid deshalb so gern in die Sprechstunde. Auch wenn er kein konkretes Anliegen hat, kommt er jedes Mal vorbei, wenn wir da sind. Hier wird er nicht weggeschickt, auch wenn er fünf Stunden lang nur dasitzt und nichts tut, außer fröhlich hereinzuwinken, wenn sich die Tür für den nächsten Patienten öffnet. Und wenn gerade kein anderer Patient da ist, dann darf er hereinkommen und wir versuchen, ein wenig zu plaudern. Er freut sich über die Zuwendung.

In der Notaufnahme meiner Klinik ist Walid auch bestens bekannt – und ebenso unbeliebt. Ihm wird regelmäßig vorgeworfen, seine Medikamente absichtlich nicht einzunehmen, und er hat den Ruf als Säufer weg, obwohl niemals Alkohol in seinem Blut nachgewiesen wird.

Eines Tages knallt mir eine Kollegin wütend ein Notarzteinsatzprotokoll mit Walids Daten auf den Tisch:

„Hier, diesen Typen kennst du doch, oder? Kümmer' dich drum, wenn's dir so viel Spaß macht! Ich will mit dem nichts mehr zu tun haben! Wenn der nicht endlich begreift, dass er seine Medikamente regelmäßig einnehmen muss und keinen Alkohol trinken darf, dann soll der gefälligst auch nicht mehr hier auftauchen und erwarten, dass er behandelt wird!"

Ich bin entsetzt und beinahe persönlich getroffen. Da ich Walid und das Personal des Heims gut kenne, weiß ich, dass er seine Medikamente früh und abends unter Aufsicht einnimmt, sofern denn seine Rezepte regelmäßig abgestempelt werden. Walid kann nichts dafür, dass er zwischendurch immer keine Tabletten mehr hat, dafür kann einzig und allein der Kostenträger. Überdies nimmt er als streng gläubiger Muslim das Alkoholverbot sehr ernst. Ich erläutere meiner Kollegin die Zusammenhänge und zeige ihr auch sämtliche Laborkontrollen, die nie Alkohol bei ihm nachwiesen. Gelangweilt und sichtlich desinteressiert kontert sie:

„Na, wenn schon. Was hast du bloß davon, dich so für diese ganzen Typen einzusetzen? Die haben das doch alle überhaupt nicht verdient!"

Wie bitte? Kranke Menschen haben keine Behandlung verdient? Solche Worte aus dem Mund einer Ärztin? Ich bin fassungslos:

„Schäm dich, Monika! Hast du nicht auch mal den Hippokratischen Eid geschworen?!" Ich wende mich ab und lasse sie stehen.

Irgendwann kommt Walid nicht mehr in meine Sprechstunden. Er kommt auch nicht mehr ins Krankenhaus und auch nicht mehr zum niedergelassenen Neurologen. Walid ist wohl verlegt worden, wie so viele andere auch. In andere Zuständigkeiten, vielleicht in einen anderen Landkreis. Wo auch immer er ist, ich hoffe, dass er sich dort zurechtfindet und die nötige Unterstützung erhält.

Ein paar Monate später wird nur wenige Kilometer entfernt in einem verlassenen Steinbruch die verweste Leiche eines Mannes gefunden. Er sei ein Flüchtling gewesen, man fand entsprechende Papiere bei ihm, aber seine Todesumstände konnte auch die Obduktion nicht mehr sicher klären. Es werde jedoch nicht von Fremdverschulden ausgegangen. So steht es in der Zeitung. Kurz darauf habe ich die Gewissheit, dass der Tote Walid ist. Mich macht diese Nachricht betroffen. Was führte Walid in diesen einsamen Steinbruch? Was geschah dort? Erlitt einen epileptischen Anfall, in dessen Folge er ohne medizinische Versorgung hilflos liegenblieb? Beging er Suizid? Wir werden es nie erfahren.

Walid – krank, allein, gemieden, von niemandem vermisst, einsam gestorben fern der Heimat, in der Fremde anonym bestattet von Amts wegen, ohne die Riten seiner Kultur und Religion ... Ruhe in Frieden, Walid!

30 – Rosen im Januar

Es ist einer der ersten Januartage 2016, kalt, grau und ungemütlich. Eisiger Wind peitscht Schneegriesel vor sich her, die wie schneidende Pfeile Gesicht und Hände treffen. Ich bin durchgefroren. Froh, endlich die vertraute Tür erreicht zu haben, drücke ich mich in den Hausflur und freue mich nach meiner Arbeit auf einen warmen, gemütlichen Abend daheim. Heute gehe ich nicht noch einmal hinaus.

Mein Telefon klingelt. Einer meiner Flüchtlinge aus dem Übergangswohnheim Perlacher Straße ist am Apparat: Er, Faris und noch ein paar andere hätten ein sehr wichtiges Anliegen und müssten mich dringend sprechen. Heute noch! Es würde auch gar nicht lange dauern, sie würden dafür nachher einfach mal kurz bei mir vorbeikommen – ob ich ein paar Minuten für sie hätte? Ehe ich viel sagen oder nachfragen kann, worum es denn geht, hat er das Gespräch schon wieder beendet. Irritiert und leicht verunsichert bleibe ich zurück. Was kann es so Wichtiges geben, dass sie am Abend in einer größeren Gruppe hierher kommen wollen, um mit mir zu sprechen? Eine Stunde später klingelt es. Ich werfe mir schnell eine Jacke über und gehe hinunter in die Kälte. Schnee bedeckt inzwischen dünn den Hof. Meine Überraschung ist grenzenlos! Denn vor mir stehen im Halbkreis vierzehn meiner vierzig Schützlinge aus der Perlacher Straße, vor ihnen als fünfzehnter Faris. Er ist es auch, der mir im

Namen aller ihr Anliegen vorträgt und ziemlich aufgeregt zu einer kleinen Rede anhebt:

"Wir sind alle Muslime, und wir schämen uns dafür, was Muslime in Köln getan haben." Er spielt damit auf die Vorfälle in der Silvesternacht an. „Es fällt auf uns alle zurück, jetzt werden wir noch mehr gehasst. Aber Conny, bitte glaube uns, *wir* sind nicht so! Wir sind wirklich nicht so, wir würden so etwas niemals tun! Wir bitten dich inständig, uns deine Unterstützung nicht zu verweigern. Wir haben Angst, dass du nach all dem, was in Köln vorgefallen ist, damit aufhörst. Wir möchten dich bitten: Hilf uns auch weiterhin! Wir versprechen dir, dich zu beschützen! Wir schämen uns und wir entschuldigen uns im Namen aller Muslime, aber wir können nichts dafür ..."

Dazu überreicht mir Faris eine Rose, und nimmt mich, nach einem kurzen, unsicheren Innehalten, zaghaft in den Arm. Die vierzehn anderen tun es ihm gleich, und im Auftrag jener, die heute Abend nicht mitgekommen sind, überreichen sie mir insgesamt vierzig Rosen. An jeder ist ein kleiner Zettel mit der jeweiligen Unterschrift befestigt.

Überwältigt, wie ich bin, bringe ich kein einziges Wort hervor. Es dauert ein wenig, bis ich meine Fassung wiederfinde und mich endlich bedanken kann.

An das, was Faris und seine Freunde befürchten, habe ich noch nicht einmal im Traum gedacht. Ich habe zu keiner Zeit einen persönlichen Zusammenhang zwischen den Vorfällen in der Kölner Silvesternacht und meiner Arbeit gesehen. Und selbstverständlich können Faris und seine Freunde nichts für das, was dort passiert ist! Der Gedanke, ihnen deshalb plötzlich meine Hilfe zu verweigern, ist mir nie gekommen. Er erscheint mir völlig absurd. Die Befürchtung meiner Schützlinge hingegen ist groß und echt. Erleichtert und dankbar hören sie sich meine gegenteilige Versicherung an: Für euch und zwischen uns geht alles so weiter wie bisher!

Mit meinem Bukett von vierzig Rosen steige ich gerührt und die zweiundsechzig Stufen zu meiner Wohnung empor. Wohlig warm knistert das Feuer im Kamin. Heute gehe ich nicht noch einmal hinaus.

31 – Exkurs: Unser Selbstverständnis und die Erwartung der anderen

Wir hier in Deutschland leben in einer sehr individualistischen Kultur. Im Mittelpunkt steht der Mensch als einzelnes Individuum:

Die Eigenständigkeit wird als hoher Wert propagiert und von frühester Kindheit an gefördert. Schon der kleine Knirps wird vor die Wahl gestellt: „Möchtest du heute die rote oder die blaue Hose anziehen?“ Wir erwarten eine Entscheidung von dem Kleinkind und akzeptieren diese.

Jeder ist für sein Handeln selbst verantwortlich. Ebenfalls schon als Kind bekommen wir die Konsequenzen für unerwünschtes Handeln zu spüren: „Pass auf, wo der Ball hinfliegt!“ Fliegt er zum dritten Mal aufs Nachbargrundstück, ist er für eine Weile weg. Wenn du nicht aufpasst, dann kannst du eben nicht mit dem Ball spielen. Also überlege es dir vorher.

Stehen wichtige persönliche Entscheidungen an, so beraten wir uns vielleicht mit dem Partner oder mit Fachleuten, die sich damit auskennen. Aber auf ungefragte Ratschläge reagieren wir unwirsch und abweisend. Denn letztlich wollen und müssen wir selber entscheiden. Unsere persönliche Freiheit ist uns ein hohes Gut. Wir wollen keine Einmischung von außen.

Rückzug und Privatsphäre sind uns wichtig, wir sind gern auch einmal allein oder nur mit dem Partner zusammen. Die Hierarchien sind eher flach, Chef und Angestellte duzen sich nicht selten, Titel und Statussymbole spielen im Alltag eine untergeordnete Rolle. Wir gehen im Laufe unseres Lebens verschiedene Sozialkontakte mit flexiblen Beziehungsstrukturen ein, die sich je nach Situation verändern und auch wieder auflösen können.

Unser materielles, privates Eigentum ist uns wichtig, denn oft haben wir lange dafür gearbeitet. Wer hart arbeitet und fleißig ist, gute Leistungen erzielt, der kann es zu etwas bringen. Herkunft und Beziehungen sind dabei zwar nicht unbedeutend, aber weniger wichtig als Effizienz und Zeitoptimierung.

Wenn wir verhandeln, zählt das Ergebnis, es wird erwartet, dass jeder seine Meinung darlegt. Man kommt zügig zum Punkt und vermeidet langes Geschwätz. Ist man miteinander im Dissens, wird das ausdiskutiert, bis ein Kompromiss erzielt ist. Schließlich ist unsere Zeit knapp, ein hoher Wert, mit dem man klug umgehen muss. Haben wir einen Termin, dann muss dieser unbedingt eingehalten werden. Es gibt keinen Spielraum, der Termin ist der Startpunkt der Aktivität, alle dafür nötigen Vorbereitungen müssen bis dahin abgeschlossen sein.

Das Gegenteil davon sind kollektivistische Kulturen. Die weitaus meisten Gesellschaftsformen auf unserer Erde sind kollektivistisch organisiert.

In ihnen werden persönliche Belange denen der Gemeinschaft grundsätzlich untergeordnet. Die eigene Identität ist an die Identität der Gruppe gebunden und wird über diese definiert. Die Gemeinschaft kann die Familie sein, die Schulklasse, das Arbeitskollektiv oder auch das ganze Dorf. Das Handeln des Einzelnen beeinflusst den Status der gesamten Gruppe. Man steht mit seinen Handlungen nicht nur für sich ein, sondern die ganze Gruppe hat die Konsequenzen daraus zu tragen. Umgekehrt fühlt sich die Gruppe aber auch für den Einzelnen verantwortlich – „einer für alle, alle für einen".

Innerhalb der Gruppe herrscht eine ausgeprägte Hierarchie. Entscheidungen trifft das Gruppenoberhaupt für alle Mitglieder. Ein Kind (oder ähnlich rangniedriges Gruppenmitglied) wird nicht nach seiner Meinung gefragt und hat überhaupt nichts zu entscheiden. Das machen grundsätzlich andere.

Harmonie und Gleichgewicht in der Gruppe sind das höchste Gut. Dafür, sie aufrecht zu erhalten, sind alle verantwortlich, indem sie sich ihrem Status entsprechend verhalten. Nach außen wird die Gruppe nicht selten aggressiv verteidigt. Titel und Statussymbole sind auch innerhalb der Gruppe wichtig, nach außen hin aber geradezu essenziell.

Man ist selten oder nie allein, der Wunsch nach Rückzug wird als Affront gegen die gesamte Gemeinschaft gewertet. Umgekehrt wird Alleinsein als bedrohlich empfunden. Da jeder in seine Familiengruppe hineingeboren wird und diese nur unter ganz bestimmten Umständen verlässt, ergeben sich feste, starre Beziehungsstrukturen, die sich für das Individuum nur durch den allmählichen, an das Alter gebundenen Aufstieg in der Hierarchie verändern. Diese Strukturen sind zwar starr, bieten aber auch ein größtmögliches Maß an persönlicher Sicherheit.

Wird man in eine angesehene, einflussreiche Familie hineingeboren, braucht man sich um seine Zukunft keine Sorgen zu machen. Denn der gute Ruf und genügend Beziehungen sorgen für den Aufstieg des Einzelnen, auch wenn dessen persönliche Leistungen eher unterdurchschnittlich bleiben. Herkunft und Rang ist wichtiger als Leistung, Effizienz und Zeitoptimierung.

Was für die Einzelperson in der Gruppe gilt, gilt auch für privates Eigentum: Seine Stellung ist der Gemeinschaft untergeordnet. Kauft sich ein Familienmitglied ein Moped, dann gehört es allen. Jeder benutzt es wie selbstverständlich.

Im Gespräch ist es wichtig, eine angenehme Atmosphäre zu schaffen und aufrechtzuerhalten. Der oder die Gesprächspartner sollen sich wohlfühlen. Das Ergebnis des Gesprächs ist eher zweitrangig. Offene Worte oder kurze, knappe Antworten gelten als grob unhöflich. Bei Meinungsverschiedenheiten wird ein neutraler Vermittler eingeschaltet, als direkt miteinander zu diskutieren.

Menschen in kollektivistischen Kulturen ordnen Zeit stets sozialen Beziehungen unter. Zeit an sich ist kein Wertobjekt, sondern Mittel zum Zweck. Ein Termin ist die Zeit, zu der die Vorbereitungen beginnen – wann man zur eigentlichen

Sache kommt, hängt davon ab, wie lange die Vorbereitungen dauern. Es wird von beiden Seiten für selbstverständlich erachtet, dass sich der Eingeladene an den Vorbereitungen mehr oder weniger beteiligt.

Es gibt ausgeprägt individualistische Kulturen und extrem kollektivistische Kulturen, aber auch viel dazwischen. Vor allem gibt es aber auch innerhalb dieser Systeme durchaus einzelne Individuen, die sich eher auf der anderen Seite wohlfühlen. Dies darf nicht vergessen werden, auch wenn dieses Kapitel vielleicht sehr verallgemeinernd klingt.

Menschen, die individualistisch geprägt sind, fällt es meist nicht allzu schwer, sich in eine kollektivistische Kultur einzufügen, denn das neue Individuum wird wie selbstverständlich in die diversen Gruppen aufgenommen und integriert. Die aufnehmende Gesellschaft funktioniert nur weiter, wenn sie das neue Mitglied einbindet, und für das persönliche Zurechtfinden des Einzelnen ist es unabdingbar, eingebunden zu werden.

Umgekehrt fällt es Menschen mit kollektivistischer Sozialisation ungleich schwerer, sich in einer individualistischen Gesellschaft zurechtzufinden. Auf sich gestellt sein, Entscheidungen treffen zu müssen – junge Menschen aus kollektivistischen Kulturen stehen so gut wie nie vor dieser Herausforderung. Manche sind tatsächlich die ersten zwanzig, dreißig Jahre ihres Lebens noch niemals allein gewesen. Eher lose und ständig wechselnde Sozialkontakte, der Verlust der Gruppe und ihrer festen Struktur ist eine höchst verunsichernde, beängstigende Erfahrung. Das Bedürfnis nach Zugehörigkeit, das die anderen nicht teilen; die Aufforderung, hier und jetzt klipp und klar zu sagen, was man will; Termindruck und die „Zeit-ist-Geld"-Mentalität – alles völlig neu, ungewohnt und beängstigend.

Die allermeisten Flüchtlinge, die Deutschland erreichen, entstammen kollektivistischen Kulturen. Viele sind mit diesen Herausforderungen und den Erwartungen, die eine individualistische Gesellschaft an sie stellt, in höchstem Maß überfordert. Denn in eine kollektivistische Kultur wird man integriert, in eine individualistische Kultur muss man sich integrieren. Zu letzterem bedarf es ungleich höherer Bemühungen des Einzelnen, zumal dieser Einzelne aus seiner kollektivistischen Prägung heraus ja auch erwartet, dass die anderen ihm entgegenkommen. Dieses Entgegenkommen ist absolut unabdingbar, wenn Integration gelingen soll. Integration ist *zwingend* ein bilateraler Prozess.

Faris ist frustriert. Wieder einmal verlässt er das Sozialamt ohne Stempel unter dem Rezept für seine lebenswichtigen Medikamente. Er versteht nicht, warum man ihm verweigert, was er dringend braucht. Er hat jegliches Vertrauen in die öffentlichen Stellen verloren. Wütend bezeichnet er alle Amtsmitarbeiter oder Leute im Auftrag der Ämter als „Rassisten", selbst, wenn sie ihm wohlwollend begegnen.

Als ich seinen Vorwurf, obwohl nicht minder frustriert, so nicht im Raum stehen lassen möchte und Faris erklären will, dass nicht jeder Gutachter, Beamte oder Sachbearbeiter, der sich an bestimmte Regeln hält und halten muss, ein Rassist ist, reagiert Faris unerwartet aufgebracht.

Dass ich seine Meinung nicht uneingeschränkt teile, interpretiert er als allgemeine persönliche Ablehnung. Er wirft auch mir lautstark vor, ein Rassist zu sein. Faris ist davon überzeugt, dass allen Deutschen (mich eingeschlossen) Regeln und Geld wichtiger sind als der Mensch. Er wirft mir vor, mich in erster Linie um meine eigenen Belange zu kümmern. Ich hätte ihn, den kranken Faris, schon mehrfach im Stich gelassen, als er mal wieder allein in irgendeinem Rettungswagen lag. In seiner Heimat würden in so einem Fall auf der Stelle sämtliche Familienmitglieder alles stehen und liegen lassen und sofort zu dem Kranken eilen. Ich hingegen würde mich herausreden, gerade auf Arbeit zu sein,

Felix nicht alleinlassen zu können oder irgendeinen anderen erfundenen Grund zu haben. Dass ich nicht mal eben so meine Arbeitsstelle verlassen kann, um zu ihm zu kommen, versteht er nicht.

Im Übrigen wäre seiner Ansicht nach dieser ganze Ämtermarathon überhaupt nicht nötig, wenn ich endlich einmal meinen Einfluss geltend machen würde. Dass ich diesen Einfluss nicht habe, kann er nicht nachvollziehen. In seiner Heimat hätte er nie irgendwo warten oder etwas beantragen müssen, sein Vater hätte einfach angerufen und schon hätte man ihn bevorzugt behandelt. Auch fühlt er sich gekränkt, zurückgewiesen und verletzt, wenn ich ab und zu den Wunsch äußerte, Zeit allein bzw. nur mit meiner Familie verbringen zu wollen.

Das sitzt!

Diese lautstark geäußerten Vorwürfe kann ich einfach nicht im Raum stehen lassen. Es gelingt mir nicht, ruhig zu bleiben, obwohl das besser gewesen wäre. Es entwickelt sich ein handfester Streit. Ich verstehe die Welt nicht mehr, weil Faris sich für meine Hilfe und Unterstützung bisher immer sehr dankbar zeigte. Es war ihm stets ein dringendes Bedürfnis, mir und meiner Familie etwas zurückzugeben, und nun das.

Nach dieser Auseinandersetzung brauche ich Zeit, um mich und mein Verhältnis zu Faris zu überdenken. Ich brauche erst einmal Abstand und schränke deshalb den Kontakt zu ihm stark ein. Ich kümmere mich zwar weiterhin um seine offiziellen Termine, um Schriftwechsel etc., weil er damit überfordert ist und ich es nicht verantworten kann, ihn diesbezüglich auf sich allein gestellt zu lassen. Es besteht insgesamt aber nur noch ein ganz sporadischer, knapper Kontakt, überwiegend per Mail oder Textnachrichten.

33 – Der kleine Unterschied

In der Perlacher Straße sind der Hausmeisterposten und das Büro der Heimleitung nur von Montag bis Freitag besetzt. An den Wochenenden ist lediglich der Wachschutz vor Ort. Im Treppenhaus hängt eine Tafel mit Telefonnummern für den Notfall: Hausmeister, Havariedienst Gas/Wasser/Strom, Schlüsseldienst.

Samstagvormittag erreicht mich ein Hilferuf. Die Jungs teilen mir mit, dass sie frieren. Die Heizung ist ausgefallen und es gibt auch kein warmes Wasser, seit gestern Abend schon. Spät abends wollten sie niemanden belästigen und das Problem heute früh klären, aber ...

Die letzte Nacht war eisig, auch tagsüber hat es in diesen Tagen kaum mehr als minus zehn Grad, in manchen Räumen schließen die Fenster schlecht. Den halben Vormittag schon haben sie versucht, Abhilfe zu schaffen. Den Hausmeister haben sie mehrfach angerufen, er geht nicht ans Telefon. Auch die Notfallnummer der Gas-Wasser-Heizung-Firma haben sie gewählt. Dort hat man ihnen gesagt, das hätte Zeit bis Montag, am Wochenende käme niemand vorbei. Der um Hilfe gebetene Wachschutz lehnt ab – sie seien nur dazu da, um für Ordnung und Sicherheit zu sorgen, alles andere geht sie nichts an.

Die Bewohner frieren aber und können sich nicht einmal unter einer heißen Dusche aufwärmen. In den Küchen haben sie die Herde angestellt und sich darum versammelt, um sich wenigstens Tee zu kochen und die Hände zu wärmen. Das geht natürlich überhaupt nicht. Mehrere Tage ohne Heizung sind unzumutbar. Ich fahre mit einem Ölradiator aus meinem Keller in die Perlacher Straße. So können sie sich wenigstens einen Raum etwas angenehmer machen und sich abwechselnd um das Öfchen versammeln, falls es tatsächlich länger dauern sollte.

Ich werde schon erwartet und mit einem heißen Tee empfangen. Es ist wirklich ungemütlich in den Räumen, feuchtkalt und klamm. Auch ich rufe die Handynummer des Hausmeisters an, er hebt wieder nicht ab. Das Nottelefon der Heizungsfirma ist jedoch besetzt. Ich nenne meinen Namen und schildere das Problem: keine Heizung und kein Warmwasser seit gestern Abend, wir frieren. Nein, das geht natürlich nicht, selbstverständlich wird sofort ein Monteur vorbeigeschickt, wird mir am anderen Ende versichert.

„Ihre Adresse?“

„Perlacher Straße 16.“

„Perlacher 16? Das sind doch diese Asylanten?“

„Ja, das Wohnheim.“

„Ach so ... nee, also dann ...“

„Was ‚also dann‘?“

„Also da hat vorhin schon einmal jemand angerufen und ...“

„... und Sie haben gesagt, heute kommt keiner, das hätte Zeit bis Montag!?“

„Ganz genau, das wird heute nichts mehr. Wir haben so viele Aufträge, da ist niemand, den ich heute noch in dieses Asylantenheim schicken kann!“

„Aber Ihre Firma ist schon auch für dieses Objekt zuständig?“

„Ja, das schon, aber dieses Wochenende geht’s gerade gar nicht …“

„Warum nicht?“

„Zu viele Aufträge!“

„Aber gerade klang das doch ganz anders! Da haben Sie gesagt, Sie würden sofort einen Monteur zu mir schicken. Wenn ich zufällig nebenan in der Perlacher 14 wohnen würde und dasselbe Problem hätte, dann hätten sie also nicht zu viele Aufträge und es würde jemand kommen? Es macht also einen Unterschied, ob ich mit meiner Familie friere oder die Bewohner dieses Heims?“

„…“

„Hallo?“

„…“

„Sind Sie noch dran?“

„Ähm … ja …“

„Ist es in Ihren Augen weniger schlimm, wenn Menschen anderer Nationalitäten frieren, als wenn eine deutsche Familie friert?“

„Schon … äh, nein … aber …“

„Aber?“

„Aber das sind doch nur …“

„Jetzt hören Sie mir mal gut zu“, falle ich ihm aufgebracht ins Wort, „Sie schicken umgehend Ihren Notdienst in die Perlacher Straße 16 und reparieren die Heizungsanlage! Ich bin hier vor Ort und erwarte Sie binnen einer Stunde. Wenn bis dahin niemand da war, rufe ich Sie wieder an, und wieder und wieder, bis sie das Problem beheben, darauf können Sie sich verlassen! Sie sorgen hier für warme Räume und heißes Wasser, und zwar JETZT!“

Ich musste nicht noch einmal anrufen. Der Defekt war in weniger als einer Viertelstunde repariert.

34 – Die Wasserflasche

Tarek ist im Stadtzentrum unterwegs. Er hat Durst. An einem Kiosk in der Fußgängerzone möchte er eine Flasche Wasser kaufen. Es sind recht viele Menschen da, er reiht sich in die Schlange. Um ein, zwei Stellen rückt er vor, dann kommen Leute, die sich vordrängeln. Tarek sagt nichts und wartet geduldig. Er rückt wieder einige Stellen vor, als erneut Leute kommen, die ihn komplett ignorieren und sich wie selbstverständlich vor ihm anstellen. Er steht wieder als letzter in der Schlange, genau an seiner Ausgangsposition, aber sagt immer noch nichts. Als es ihm zum dritten Mal passiert, macht Tarek den neuerlichen Drängler darauf aufmerksam, dass er sich doch bitte hinter ihm anstellen soll.

Der Angesprochene pöbelt Tarek lautstark voll. Schnell ist Tarek von einer ganzen Gruppe umringt, die sich teilweise aus den Wartenden vor ihm, teilweise aus Passanten zusammensetzt und ihn aggressiv bedroht. Tarek will sich eingeschüchtert aus dieser Situation entfernen, wird aber daran gehindert und zu Boden geworfen, an Händen und Füßen gepackt und einige Meter abseits zu einer Sitzbank gezerrt. Ausländer- und islamfeindliche Parolen begleiten die Szene, Tarek wird als Terrorist beschimpft. Schnell hat sich eine schaulustige Menge gebildet, die laut Beifall klatscht. Niemand greift ein, der Imbissbesitzer lacht aus seiner Bude. Nachdem sie Tarek auf die Bank gezerrt haben, lassen sie von ihm ab.

Tarek ist Gott sei Dank unverletzt, aber völlig verängstigt. So schnell er kann, verlässt er die Fußgängerzone und kauft sich seine Wasserflasche in einem Supermarkt ein paar Straßen weiter.

Wenig später rasiert sich Tarek seinen Bart ab. Weil er sich in der Öffentlichkeit mehr sicher fühlt und man ihm sowieso ansieht, dass er ein Ausländer ist, soll zumindest niemand aufgrund seines Bartes auf die Idee kommen, dass er Muslim sein könnte.

Einige gesundheitliche Beeinträchtigungen sehe ich immer wieder bei meiner Arbeit, nicht nur in der Ambulanz. Früher oder später haben mir praktisch alle Flüchtlinge, mit denen ich zu tun hatte, über Kopfschmerzen, Schlafprobleme, Magenbeschwerden und Konzentrationsstörungen berichtet. Frauen klagten zusätzlich oft über Zyklusunregelmäßigkeiten und Menstruationsbeschwerden.

Oft bedingen diese Symptome einander: Wenig Schlaf verursacht Kopfschmerzen, gegen die Tabletten eingenommen werden, die auf den Magen schlagen. Wer schlecht schläft und ständig Schmerzen hat, kann sich schlecht konzentrieren. Wer sich schlecht konzentrieren kann, dem fällt es schwer, ausreichende Leistungen im Deutschkurs oder im Praktikum zu erbringen.

Das demotiviert. Außerdem erhöht es die Wahrscheinlichkeit, dass wegen der körperlichen Beschwerden die Maßnahme nicht regelmäßig besucht oder ganz abgebrochen wird – und das, obwohl initial nach meinem Erleben meist eine hohe Motivation vorliegt. Eine Erfahrung mehr, die den Betreffenden das eigene Scheitern vor Augen führt.

Wer nichts zu tun hat, langweilt sich. Warten. Warten, immer wieder warten. Die Hauptaufgabe eines Flüchtlings ist warten. Warten auf Termine. Warten auf den nächsten Umverteilungsbescheid. Warten auf den lang ersehnten Kurs, warten auf Behördenentscheidungen, warten auf Zeugnisanerkennung, den Praktikumsplatz, die Wohnung. Mindestens neunzig Prozent der Flüchtlinge, mit denen ich regelmäßig zu tun habe, würden gern arbeiten gehen. Sie wollen gern ihr eigenes Geld verdienen, davon eine Wohnung anmieten, etwas sparen und nach Hause schicken. Aber sie dürfen nicht, es ist ihnen per Gesetz verboten. Außerdem müssen sie Deutsch lernen, bevor sie arbeiten dürfen. B2 wird gefordert für eine Ausbildung oder Arbeit, C1 für ein Studium. A1, A2, B1, B2 - vier Kurse, viele Bewerber, wenig Plätze. Warten. Monatelang auf einen Kurs, inzwischen läuft der oft nur einjährige Aufenthalt ab. Ist man endlich an der Reihe, wird kurz vor Ablauf des Aufenthaltstitels keine Teilnahme an einem Kurs mehr gewährt, da dieser über mehrere Monate geht. Wird der Aufenthalt dann aber verlängert, geht der Platz auf der ehemaligen Warteliste verloren. Also neu anmelden, wieder warten. Warten, warten, warten. Einzelfälle? Keineswegs!

Viele Flüchtlinge kommen hoch motiviert und mit viel Integrationswillen hier an, um dann von Amts wegen durch elendiglich lange Bearbeitungszeiten und zahllose bürokratische Vorschriften ausgebremst zu werden. Diejenigen, die sich auf unseren Sozialleistungen tatsächlich ausruhen wollen, sind in der verschwindenden Unterzahl, aber die Zahl derer, denen nichts anderes übrig bleibt, weil sie von Amts und Gesetzes wegen nicht das tun dürfen, was sie gerne möchten (nämlich ihr eigenes Geld verdienen), die ist um ein Vielfaches höher.

Warten, warten, warten. Warten in Großraumunterkünften oder der spartanischen Enge eines Dreibettzimmers, in das drei Doppelstockbetten gestellt wurden.

Ich kenne beides: Die ehemalige Lagerhalle mit achthundert Feldbetten ohne Trennwände, in der es kalt und laut ist und zentral geregelt abends um zehn das Licht aus und früh um sechs wieder eingeschaltet wird. In der es vier Toiletten für alle gibt und man mindestens eine Viertelstunde vorher planen muss, wann man denn „mal muss“, denn so lange steht man davor, bis man an der Reihe ist. Warten. (Was, wenn Durchfall ausbricht?) Duschen auch, vier für achthundert. Warten. Essensausgabe: warten. Wenn man Pech hat, ist der Reis alle, wenn man an der Reihe ist.

Ich kenne auch das Zwölf-Quadratmeter-Zimmer mit drei Doppelstockbetten, drei Spinden und drei Stühlen. Manchmal sogar belegt mit verschiedenen Nationalitäten unterschiedlicher Sprachen. Eigentlich ist es erstaunlich, dass hier wie dort insgesamt nur wenige Konflikte ausbrechen.

Warten verursacht Langeweile. Langeweile frustriert. Wer sich langweilt, kommt auf dumme Gedanken. Frust und dumme Gedanken sind keine gute Kombination. Was daraus entstehen kann, haben wir schon erfahren. Das hat nichts mit Nationalität und Status zu tun, es betrifft sich langweilende Flüchtlinge genauso wie sich langweilende deutsche Jugendliche.

Hinzu kommt der Alltagsrassismus. Kein einziger der Flüchtlinge, die ich persönlich kenne, der keine Erfahrung damit gemacht hätte. Ich kenne auch keinen Helfer, weder haupt- noch ehrenamtlich, der seinen Betreuten nicht anraten würde, nur gemeinsam auf die Straße zu gehen, zumindest zu bestimmten Tageszeiten und in bestimmten Gegenden. Alltagsrassismus hat viele Gesichter: das nicht Einsteigen lassen in öffentliche Verkehrsmittel, die Verweigerung von Terminen in Arztpraxen, das öffentliche Lustigmachen über Namen oder Aussehen, das offene Anfeinden der Helfer, das bei den Flüchtlingen oft Schuldgefühle hervorruft. Mehr als einmal war es meinen Flüchtlingen peinlich, dass ich „wegen ihnen“ dumme Kommentare erhielt, mehr als einmal bin ich von ihnen gebeten worden, nicht mehr zu kommen, weil sie mich vor solchen Anfeindungen beschützen wollten.

Isolation, Heimweh, Einsamkeit, Verlust von Status und Selbstwertgefühl, die Sorge um zurückgebliebene Angehörige, Langeweile, unaufgearbeitete Fluchterlebnisse und Traumata, psychische wie körperliche Beschwerden, oft ohne adäquate Versorgung, Unsicherheit in Bezug auf die Zukunft, verursacht durch die überbordende Bürokratie, und Angst, zum Beispiel vor Abschiebung oder Übergriffen, verhindern langfristig jegliche Integration.

Integration ist stets bilateral, muss immer von beiden Seiten ausgehen: Natürlich muss ich mich als Individuum um meine Aufnahme bemühen. Aber ich kann mir noch so viel Mühe geben, irgendwo dazuzugehören – es wird mir nie gelingen, wenn man mich nicht dazugehören lässt!

Es mag die Flüchtlinge geben, die sich nicht integrieren wollen, aber die Mehrheit ist es mit Sicherheit nicht. Wir täten alle miteinander gut daran, die Euphorie der Ankunft zu nutzen und den Flüchtlingen die Möglichkeit zu geben, ihr Schicksal auch in Deutschland in die eigene Hand zu nehmen. Denn sie sind weder unmündig, noch unfähig – haben sie doch in den letzten Wochen und Monaten persönlich Dinge vollbracht, an die viele von uns noch nicht einmal einen Gedanken verschwenden, geschweige denn, so etwas schon einmal tun mussten. Doch was macht der Gesetzgeber? Er verdammt sie zum Nichtstun und Warten. Was bleibt ihnen übrig?

Es bleiben ihnen schlussendlich nur die eigenen Landsleute, eigenen Werte, die eigene Gesellschaft, an denen sie sich orientieren können. Es bleibt die Rückbesinnung auf die eigene Religion, die in Zeiten der Unsicherheit der einzige Halt ist. Viele Muslime, die ich persönlich kenne, haben zu ihrer Religion ungefähr so einen Bezug wie Christen, die einmal im Jahr zu Weihnachten in die Kirche gehen. Einige waren im Heimatland seit Jahren nicht mehr in einer Moschee. Doch hier in Deutschland ist für sie der Gang zum Freitagsgebet die einzige Abwechslung aus der Tristesse des Wartens. Menschen in so einer Situation sind verletzlich, aber auch empfänglich für Botschaften. Es bleibt zu hoffen, dass die Botschaften ihnen und uns allen förderlich sind. Hier sehe ich eine große potenzielle Gefahr.

Die Flüchtlinge haben viele Probleme, sie bereiten Deutschland viele Probleme, aber ein Großteil der Probleme ist hausgemacht, liegt in der hiesigen Gesellschaft und wäre durchaus vermeidbar.

35 – Selber schuld!

Karim ist anerkannter Flüchtling. Er hat vor wenigen Monaten eine Ausbildung zum Krankenpfleger begonnen. Er will als groß und stark wahrgenommen werden, wirkt aber bisweilen treuherzig wie ein kleines Kind. Karim bittet nie um Unterstützung, ist aber wahnsinnig dankbar, wenn er ungefragt welche erhält. Auf ihn hat mich seine Ausbilderin aufmerksam gemacht.

Karim kämpft gleichzeitig mit der Fachsprache und massiven psychischen Problemen. Obwohl Krankenpfleger nach eigenem Beteuern sein Traumberuf ist und er sich auch gut darin macht, schwankt er zwischen Durchhalten und alles hinschmeißen, zwischen "ich schaffe das nicht" und "ich mache das schon". Er braucht abwechselnd einmal Trost, einmal Motivation.

Vor jedem Testat schläft er tagelang nicht und ist regelrecht krank vor Aufregung, auch die durchweg guten bis befriedigenden Noten ändern nichts daran, dass er sich selber einen unheimlichen Druck macht. Vor lauter Panik ist er körperlich nicht in der Lage, zu den Testaten anzutreten, denn er kollabiert schon beim morgendlichen Aufstehen und meldet sich dann jedes Mal krank. Er geht aber nie zu einem Arzt (er hat keinen) – fehlt also unentschuldigt. Er wird dafür von der Schule zunehmend harsch gerügt. Ihm droht der Verlust des Ausbildungsplatzes. Er hat keine Kontakte zu seinen Klassenkameraden und Lehrern, ist der einzige Ausländer in seiner

Klasse, unbeliebt und ein Außenseiter, in Lerngruppen findet er keine Aufnahme und zu Freizeitaktivitäten keinen Anschluss. Lediglich zu seiner praktischen Ausbilderin kann er teilweise ein Vertrauensverhältnis aufbauen. Doch auch ihr gegenüber ist er nicht in der Lage, von seinen Nöten und Ängsten und den wahren Gründen für sein Fehlen in der Schule zu berichten. Bei der praktischen Ausbildung fehlt er nie, seine Ausbildungsleiterin kann sich nicht vorstellen, warum er nie zu den Testaten geht, obwohl er sein Fachwissen in der Praxis stets gut unter Beweis stellt. Auch sie stellt ihn mehrfach zur Rede und wiederholt die Drohung der Schule, dass sein Ausbildungsplatz auf der Kippe steht. Karim gerät dadurch immer mehr unter Druck. Gleichzeitig schämt er sich in Grund und Boden für sein Versagen. Für ihn ist es Versagen, doch er schafft es nicht, um Hilfe zu bitten – schließlich ist er ein Mann und muss immer stark sein.

Irgendwann kommt das nächste Testat, er hat gelernt und gebüffelt, tagelang, nächtelang, und sich vorgenommen, dieses Mal auf jeden Fall hinzugehen – aber er ist wieder nicht in der Lage, den Weg zur Schule überhaupt anzutreten. Er steht auf, muss sich übergeben, bricht auf dem Weg ins Bad zusammen und bleibt einige Stunden liegen, ehe er wieder zu sich kommt. Er weiß genau: Jetzt ist es geschehen um seine Ausbildungsstelle.

Diese Blamage ist aus seiner Sicht so groß und so unentschuldbar, dass er in einer panischen

Kurzschlusshandlung noch am selben Tag einen folgenschweren Fehler begeht: Er kündigt seinen Ausbildungsvertrag.

Wenig später wird ihm klar, dass er sich selbst damit in die denkbar schlechteste Position manövriert hat. Kein Ausbildungsvertrag, keine Leistungsansprüche, da selbst gekündigt, also kein Geld, kein Wohnheimplatz - und an alledem auch noch selber schuld. Zur Panik kommt nun Verzweiflung. Auch körperlich geht es ihm dadurch noch schlechter. Seine Schlafprobleme nehmen zu. Er isst fast nichts mehr, verliert viel Gewicht, hat Magenprobleme. Auch jetzt sucht er sich keinen Arzt, er hat Angst vor erneuten Vorwürfen: „Selber schuld!“

Er geht stattdessen wieder und wieder zu seiner ehemaligen praktischen Ausbildungsleiterin und fleht sie um Wiedereinstellung an, aber sie ist an das Vertragsrecht gebunden. Selbst gekündigt, selber schuld! Außerdem ist die Schule nicht gut auf Karim zu sprechen und lehnt einen neuen Vertrag mit ihm zu Beginn des neuen Ausbildungsjahres kategorisch ab, auch wenn er sich in der praktischen Ausbildung hervorragend bewährt hat. Immer wieder geht er zu seiner ehemaligen praktischen Ausbildungsstelle, immer wieder bittet er seine ehemalige Ausbilderin um Wiedereinstellung. Aber sie weiß keinen Rat.

In dieser Situation spricht mich die Ausbilderin an. Sie schildert mir Karims Fall aus ihrer Sicht mit der Frage, ob ich vielleicht eine Idee hätte, was man für ihn tun könnte. Nein, war mein allererster Gedanke. Mein zweiter war, dass es für jedes Problem eine Lösung gibt, auch wenn ich im Moment keine Ahnung habe, wie die aussehen könnte. Zu allererst einmal würde ich selber gern mit Karim sprechen. Ich gebe ihr meine Kontaktdaten mit der ausdrücklichen Erlaubnis zur Weiterleitung an ihn. Er soll sich, völlig unverbindlich und ohne Garantie auf Erfolg, bei mir melden.

Karim meldet sich nicht. Ich kann ihn sogar verstehen. Er schämt sich, es fällt ihm schwer, Hilfe anzunehmen, geschweige denn, darum zu bitten, er hat es nie geschafft, sich Menschen anzuvertrauen, die er kennt – wie soll er sich da plötzlich an jemand völlig Fremdes wenden?

Einige Tage später erhalte ich einen Anruf von der Ausbilderin: „Der Karim sitzt jetzt hier an meinem Schreibtisch ..." Ich eile hinunter in ihr Büro. Karim sitzt zusammengesunken auf einem Stuhl. Er begrüßt mich scheu, aber überaus höflich und wirkt gesundheitlich massiv angeschlagen. Er mag nicht reden. Erst als die Ausbilderin ihm versichert, dass ich Ärztin bin, beginnt er zaghaft, mir von seinen körperlichen Beschwerden zu erzählen. Auch Karim befindet sich in der Spirale aus Angst, Schlaflosigkeit, Konzentrationsproblemen und körperlichen Symptomen. Er ist kaum in der Lage, einen klaren Gedanken zu fassen. Dahin muss er erst einmal wieder kommen, dafür muss diese Spirale durchbrochen werden. Ein paar Medikamente gegen seine Kopfschmerzen und Schlafstörungen würden ihm fürs Allererste guttun. Dankbar und demütig nimmt Karim mein Angebot an.

Dafür bestelle ich ihn einige Tage später zu mir. Diesen Termin nimmt er tatsächlich wahr. Ich händige ihm die versprochenen Medikamente aus und deute an, dass mir seine Ausbilderin schon ein bisschen über seine Vorgeschichte erzählt hat. Ich bitte ihn, sie mir aus seiner Sicht zu schildern. Schüchtern beginnt er zu berichten und verschwindet dabei immer tiefer im Sessel. Auf meine Rückfragen antwortet er bereitwillig, aber gefühlt jeder zweite Satz ist „Ich bin ja selber daran schuld“. Ich frage ihn auch nach seinen Vorstellungen, wie es jetzt weitergehen soll. Was möchte er, was wünscht er sich – unabhängig davon, ob es letztlich realisiert werden kann? Er hat viele gute Pläne und Vorsätze, ist motiviert, aber gleichzeitig deprimiert: „Aber das geht ja alles nicht, denn ich bin ja selber schuld …“ Wie oft muss er diesen Vorwurf schon gehört haben?

Während unseres Gesprächs kommen auch mir dazu einige Ideen. Ich bin gern bereit zu prüfen, welche seiner Vorstellungen realistisch sind und ihm dabei zu helfen, sie umzusetzen.

„Aber Frau Doktor, ich habe doch gar keine Hilfe verdient, ich bin ja selber schuld …“

„Karim, jeder Mensch macht Fehler. Du hast auch Fehler gemacht, das weißt du selber. Aber Fehler kann man korrigieren. Man kann es vermeiden, sie zu wiederholen und es beim nächsten Mal besser machen. Selbstverständlich darf man sich dabei auch helfen lassen! Man muss sich

Hilfe nicht verdienen und sich auch nicht dafür schämen, Unterstützung zu brauchen und anzunehmen. Eine zweite Chance darf man bekommen – und nutzen!“

Dankbar nimmt er die Medikamente und verabschiedet sich. Die Tabletten soll er die nächsten zwei Wochen nach Vorschrift einnehmen und dann wiederkommen. Ich überlege mir bis dahin einen Plan, was Karim jetzt am besten tun kann, um wieder eine Perspektive zu haben und in der Zwischenzeit nicht in der Luft zu hängen.

Karim möchte unbedingt eine Ausbildung im medizinischen Bereich machen. Am liebsten immer noch Krankenpfleger, aber auch einen anderen Beruf im mittleren medizinischen Dienst kann er sich vorstellen. Er müsste versuchen, einen neuen Vertrag zu bekommen. Doch wie wird er das Manko der selbst gekündigten Ausbildungsstelle los? Und wie kann er die Zeit bis zum Beginn des neuen Ausbildungsjahres sinnvoll nutzen?

Als wir uns wieder treffen, geht es ihm besser. Karim freut sich, dass er dank der Medikamente wieder ab und zu eine Nacht durchschlafen kann und tagsüber nicht mehr so müde ist. Er hat auch weniger Kopfschmerzen und isst wieder regelmäßiger. Aber die Sorge um die Zukunft bleibt. Ich habe von seiner Ausbildungsleiterin ein Zeugnis für Karim. Dieses Zeugnis ist überaus günstig formuliert und eine gute Basis für eine neue Bewerbung. Dafür habe ich mögliche Einrichtungen und Berufsfachschulen in einer Liste zusammen gestellt, bei denen er sich bewerben kann. Das neue Ausbildungsjahr beginnt aber erst in fünf Monaten. In der Zwischenzeit, so schlage ich Karim vor, soll er einen Kurs „Fachsprache in der Pflege“ belegen. Mit dem Zeugnis und dem Registrierungsbeleg soll er sich bewerben, außerdem damit und mit den Bewerbungskopien beim Jobcenter vorsprechen. Damit bezeugt er seinen Wunsch und seine Bemühungen, eine neue Ausbildung zu beginnen. Wenn er Glück hat, wird der Fachsprachkurs sogar als ausbildungsvorbereitende Maßnahme gefördert.

Karim springt begeistert auf und bedankt sich wieder und wieder. Er findet meinen Plan genial. Genau so will er ihn umsetzen! Er hat plötzlich wieder eine Perspektive und den festen Willen, es dieses Mal zu schaffen.

Am nächsten Tag sendet er mir seinen Anmeldungsbeleg für den fachsprachlichen Kurs, der im nächsten Monat beginnt. Und ob ich seine Bewerbungen gegenlesen und korrigieren kann? Ja, natürlich! Die hat er wirklich gut geschrieben. Ich zolle ihm große Anerkennung dafür und rate ihm gleichzeitig dringend, sich bei erneuten Schwierigkeiten unbedingt wieder Unterstützung zu suchen. Er kann sich dafür jederzeit bei mir melden.

Karims Gesundheitszustand stabilisiert sich weiter. Die Medikamente können wir schon bald reduzieren und nach wenigen Wochen ganz absetzen.

Am meisten erschreckt mich im Konflikt mit Faris die Tatsache, dass ich selbst zwar gut integriert in einem anderen Kulturkreis gelebt habe, ohne Probleme im Umgang mit den Menschen und mit vielen beruflichen und privaten Kontakten (einige davon pflege ich bis heute). Aber jetzt, vor dem interkulturellen Kontext im eigenen Land, da kommt es plötzlich zu solch einer Eskalation. Die Ursache liegt in der unterschiedlichen Erwartungshaltung an mich selbst und meine Kontaktpersonen. In Kambodscha gehörte ich zu einer Minderheit und war in erster Linie diejenige, die sich anpassen musste. Das wurde mir aber sehr leicht gemacht (in kollektivistische Kulturen wird man integriert!). Hier jedoch muss Faris sich anpassen, was ungleich schwerer ist.

Ich weiß natürlich, dass die Anpassung ein Prozess ist, der Zeit braucht – umso länger, je unter schiedlicher die Ausgangssituationen sind, und diese könnten verschiedener nicht sein: Ich ging zwar alleine, aber geplant als hoch qualifizierte Arbeitskraft in ein Entwicklungsland. Auch wenn ich am Ende viel länger blieb als ursprünglich gedacht, so hatte ich doch Arbeitsvisum, Versicherung und Rückflugticket, außerdem durch meinen Beruf und als „Chefin“ einen angesehenen Status. All das hat mir meine Integration sehr erleichtert.

Faris hingegen lebt als Asylbewerber ohne gesicherten Aufenthalt auf der untersten sozialen

Stufe in Deutschland, mit massiven Gewalterfahrungen, seelischen und körperlichen Verletzungen im Heimatland, mit dem Verlust von lebensnotwendigen zwischenmenschlichen Beziehungen, chronisch krank und psychisch instabil, mit völlig unklarer Zukunft und dem Wissen, dass er seine Familie und seine Heimat unter Umständen nie wieder sehen wird. Diese Ausgangssituation erschwert jegliche Integration ganz erheblich oder macht sie gar unmöglich.

Faris ist damit kaum in Lage, sich auf sein verändertes Leben einzustellen. Mir wird klar, dass er mit der Anpassung an hiesige Gesellschaft und Gepflogenheiten im Moment maßlos überfordert ist. Zum ersten Mal werde ich mir auch meiner eigenen Unsicherheit im Umgang mit ihm bewusst: eher beschützend oder doch besser fordernd und fördernd? Oder beides? Und wenn beides, was in welchem Maße? Eines steht fest: Faris muss unbedingt in die Lage versetzt werden, sich dieser Situation anpassen zu können, aber auch ich selbst muss mich darauf einstellen.

Auch Faris hat über den Vorfall nachgedacht, den er zutiefst bedauert. Er bittet mich um ein Gespräch und kommt mir damit zuvor. Auch ich wollte mich mit ihm treffen, um den Streit nachträglich zu klären. Vier Wochen nach der Auseinandersetzung sehen wir uns zum ersten Mal wieder. Das Gespräch verläuft ruhig und sachlich. Unabhängig voneinander kamen wir bezeichnenderweise zu denselben Schlüssen:

Aus unserer unterschiedlichen kulturellen Prägung ergab sich jeweils kulturspezifisches Verhalten. Obwohl wir beide schon in einem anderen Kulturkreis gelebt haben (ich in Kambodscha, Faris in Großbritannien), konnten wir beide mit der unerwarteten Konfliktsituation nicht adäquat umgehen. So hat die Familie bzw. die Gemeinschaft in Faris' Heimat einen ungleich höheren Stellenwert als in Deutschland. Aus dem plötzlichen und völlig ungewohnten Alleinsein resultiert ein nicht unerheblicher Anteil seiner psychischen Probleme. In Großbritannien war Faris zwar auch ohne Familie, aber gemeinsam mit anderen Schülern bzw. Studenten aus seinem Heimatland, die in sich jedoch ebenfalls eine geschlossene Gruppe bildeten. Sie hatten sich und es bestand keine große Notwendigkeit, Kontakte zu Einheimischen zu suchen. In Deutschland ist alles völlig anderes, das beginnt schon mit dem sozialen Status (Student vs. Asylsuchender). Hier hat Faris auch keine große Gruppe aus Landsleuten – er stammt nicht aus einem der Hauptherkunftsländer – und muss zwangsläufig mit Deutschen kommunizieren.

Da das Bestreben kollektivistisch geprägter Menschen, Mitglied einer Gruppe zu sein, sehr ausgeprägt ist, war Faris glücklich, Anschluss an meine Familie gefunden zu haben. Aus meiner Sicht war unser Verhältnis eng, für Faris jedoch nicht eng genug und vor allem, bedingt durch viele innerfamiliäre Verhaltensweisen, die es so in seiner Heimat nicht gibt, sehr unsicher. Er übertrug unbewusst eigene Wertvorstellungen auf deutsche Familienstrukturen, woraus er Erwartungen entwickelte, die ich weder erfüllen konnte noch wollte – zum Beispiel tägliche Besuche, meine ständige Anwesenheit bei ihm während der zahlreichen Asthmaanfälle und in den verschiedenen Notaufnahmen, oder dass ich, die deutlich Ältere, ihn vor belastenden Situationen mit Gutachtern oder Ämtern zu bewahren in der Lage sei, indem ich alles kurzfristig und für ihn positiv regeln könne.

Dass Kinder wie Felix nach ihrer Meinung gefragt werden und sich unter Umständen die ganze Familie danach richtet, ist für Faris auch ein unglaubliches Novum, geradezu ein Ding der Unmöglichkeit. Kinder werden in seiner Heimat zwar abgöttisch geliebt, aber kein Familienoberhaupt käme auf die Idee, sie nach ihrer Meinung zu fragen. Ein Kind, was das ungefragt tut, wird streng in seine Schranken verwiesen.

Faris ist sich dessen bewusst, dass er im Kontakt zu uns viele Vorteile genießt, die anderen Menschen in seiner Lage nicht zuteilwerden. Gleichzeitig erkennt er aber auch seine Hilflosigkeit, seine Abhängigkeit und sein Ausgeliefertsein. Er hat deswegen große Angst, die Beziehungen zu mir (die einzigen privaten, direkten Sozialkontakte überhaupt, die er in Deutschland hat) zu verlieren. Das potenziert seine psychischen Probleme. Vor allem, wenn es einige Tage keinen Kontakt zwischen uns gibt, kommt es vermehrt zu Angstzuständen.

Von all diesen Sorgen, die ihn plagen, ahne ich aber nichts, weil Faris nie darüber gesprochen hat. Seine immer häufigeren und kurzfristigeren Kontaktwünsche empfinde ich manchmal als belastend, ja klammernd, Faris meine Ablehnung und meinen Wunsch nach Privatsphäre hingegen als Zurückweisung seiner selbst. Oft resultierten in der Vergangenheit aus solchen Situationen Panikattacken mit Asthmaanfällen.

Die Wochen, in denen es nur sporadischen Kontakt zwischen uns gibt, sind für Faris furchtbar. Dass er in dieser Zeit praktisch in keiner Nacht schläft, dass er beginnt, exzessiv zu rauchen, dass es einen erneuten schweren Asthmaanfall mit Krankenhausaufenthalt gibt, aus dem er jedoch flieht, dass er die Akutsprechstunde seines Psychotherapeuten aufsucht, um mit dieser Situation irgendwie klarzukommen, und dass in dieser Zeit auch noch die Anhörung in seinem Asylverfahren stattfindet – von all dem weiß ich nichts und erfahre es erst hinterher. Dass er so sehr unter der Kontaktpause leidet, habe ich nicht vermutet.

Uns wird während unseres langen Gesprächs klar, dass sich jeder durch Verhaltensweisen des anderen verunsichert, genervt oder gar erheblich verletzt gefühlt hat, obwohl das keiner von uns je beabsichtigt hatte. Es gibt dafür auch keine Schuld, da niemand etwas für seine prägenden Wurzeln kann und kulturelle Identität ein essenzieller Bestandteil der Persönlichkeit ist. Wir haben uns beide für unsere Fehler entschuldigt, aber kann man überhaupt von Fehlern sprechen, wenn sich jeder so verhält, wie er es als Norm von klein auf verinnerlicht hat? Die Entschuldigung kann und muss es daher nur für unbedachte Äußerungen während des Streits geben.

Wie soll es nun weitergehen? Faris braucht mehr Sicherheit, ich kann und will meinen Freiraum nicht aufgeben. Wir beschließen, dass es ab sofort täglich zu einer bestimmten Zeit ein kurzes Telefonat gibt, in dem Sorgen, Probleme, Termine usw. besprochen und Aktivitäten geplant werden können. Wir werden uns in Zukunft unsere Bedürfnisse einander eindeutig mitteilen und gegenseitig respektieren – auch wenn es sich um eine Ablehnung handelt. Ich kann Faris klarmachen, dass es bei uns zwischen der Ablehnung einer Situation, eines Wunsches oder der Handlung einer Person und der Ablehnung der Person als Mensch an sich einen großen Unterschied gibt. Mit dieser Denkweise wurde Faris noch nie konfrontiert, sie ist für ihn völlig neu.

Wir werden uns auch bemühen, unerwartete Verhaltensweisen und Äußerungen nicht sofort auf die persönliche Ebene beziehen, sondern wertfrei zu akzeptieren und so distanziert wie möglich betrachten, denn sie entspringen einem persönlichen Erfahrungsschatz, von dem der andere möglicherweise überhaupt nichts weiß. Ein Gespräch darüber darf, soll und muss aber jederzeit möglich sein, zum Beispiel bei den täglichen Telefonaten. Ich kann Faris außerdem davon überzeugen, dass ich zu keiner Zeit ernsthaft in Betracht gezogen habe, ihm meine Unterstützung zu entziehen oder den Kontakt dauerhaft zu beenden. Das ist seine allergrößte Befürchtung, sie sah er in den letzten vier Wochen bereits eingetreten. Faris ist erleichtert und glücklich, als ich ihm das Gegenteil versichere.

Wir reden noch lange über unterschiedliche Betrachtungsweisen und kulturelle Differenzen. Ganz zum Schluss fällt ein sehr versöhnlicher Satz:

„Lass' uns in Zukunft versuchen, nicht so sehr die Unterschiede in den Mittelpunkt zu stellen, sondern mehr die Gemeinsamkeiten zu sehen!"

Danach beendet Faris sofort aus eigener Motivation seinen Zigarettenkonsum. Die täglichen Anrufe, auch wenn teilweise nur wenige Worte gewechselt werden, vermitteln ihm Sicherheit. Für mich werden die Aktivitäten um und mit Faris wieder besser planbar. Und er ist mir ausgesprochen dankbar, dass ich ihn nach wie vor begleite und ihm zeige „wie das Leben in Deutschland so funktioniert". Faris ist sich dessen bewusst, dass er es ohne mich noch ungleich schwerer hätte.

37 – Überraschendes Ende

Seit eineinhalb Jahren kümmere ich mich nun, zusammen mit meinen Kollegen und Krankenschwestern, ehrenamtlich um die Basisgesundheitsversorgung der Flüchtlinge in der Erstaufnahme. Anfangs als Hausbesuchsdienst, seit einem Jahr gibt es unsere Ambulanz, seit einem halben Jahr ist diese nicht nur für die Heimbewohner, sondern auch für die dezentral untergebrachten Flüchtlinge offen. Insgesamt sind wir Anlaufstelle für über 850 Menschen. Der Betrieb hat sich längst eingespielt, wenn auch die Einzelschicksale niemals zur Routine werden. Anfängliche Schwierigkeiten sind längst überwunden, die Heimleitung hat zum Glück auch nicht noch einmal gewechselt. Die Zusammenarbeit ist unbürokratisch und verlässlich und vor allem äußerst wertschätzend. Wir verstehen uns als ein Team, dessen Ziel es ist, gemeinsam im Sinne der geflüchteten Menschen zu handeln.

Umso überraschter bin ich, als in der Tagespresse schwarz auf weiß geschrieben steht, dass die Unterkunft zum Ende des laufenden Monats schließt. Konsterniert rufe ich Frau Richter an – warum hat sie mir das denn nicht mitgeteilt? Weil auch sie selbst zeitgleich mit mir die Nachricht aus der heutigen Zeitung erfahren hat!

Zwei Tage später kommt die ordentliche Information von amtlicher Seite. Das Hotel schließt als Flüchtlingsunterkunft definitiv zum Monatsende. Drei Wochen Zeit, um die Bewohner umziehen zu lassen, drei Wochen Zeit für die Abwicklung der Mitarbeiter, drei Wochen Zeit auch für uns, unsere Ambulanz zu räumen.

Wir beschließen, unser Angebot so lange wie möglich aufrechtzuerhalten, und bieten auch in der letzten Woche noch unsere Sprechstunde an. Mein allerletzter Patient ist Azad. Ich kenne Azad schon länger, er war bereits ein paar Mal bei mir, immer mit unspezifischen Beschwerden. Kopfschmerzen, Müdigkeit, Bauchweh. Überhaupt, der Bauch. Der war schon immer empfindlich. Ein paar Wochen geht es im gut, dann bekommt er wieder keinen Bissen herunter. Azad schiebt es auf die beschwerliche Flucht. Manchmal hatten sie tagelang nichts zu essen, dann wieder, wenn es etwas gab, haben sie heruntergeschlungen, so viel sie bekommen konnten. Das hat sein Bauch ihm übel genommen, sagt Azad.

Auch heute kommt er wieder zu mir. Ich bin ein wenig ratlos. Die Tabletten gegen zu viel Magensäure haben ein paar Tage Linderung gebracht, aber dauerhaft geholfen haben sie nicht. Auch meine Ernährungsratschläge hat er befolgt, ohne Erfolg. Zur Toilette könne er regelmäßig, das sei nicht das Problem. Azad wirkt krank.

Ich schlage ihm Ultraschall vor und eine Magenspiegelung, das kann helfen herauszufinden, woran er leidet. Er zögert. Er weiß nicht so recht, ob er das machen lassen will. Er will es sich überlegen, lehnt es aber zunächst ab. Wenn es gar nicht besser wird, dann vielleicht. Zum Abschied rate ich ihm noch einmal dazu und wünsche ihm alles Gute – er wird morgen umziehen, weiß aber selbst noch nicht, wohin.

Ein seltsames Gefühl macht sich breit, als Azad das Sprechzimmer verlassen hat. Mein Kollege ist dazugekommen, er hat einen Transporter und Umzugskisten mitgebracht. Gemeinsam werden wir jetzt alles zusammenpacken und unsere Praxis räumen. Wenige Stunden später sind die Zimmer leer.

Seit Freitag liegt das Hotel, in dem einst so viel Leben herrschte und vor dem im vorletzten Jahr die Eskalation der Gewalt für Schlagzeilen sorgte, verlassen oben auf dem Hügel.

Schön wäre es, wenn unsere Arbeit nicht mehr gebraucht würde. Leider ist dem nicht so. Gern würde ich mein Angebot in irgendeiner Weise fortsetzen.

Die Möglichkeit dazu bietet sich schneller als gedacht. Mitarbeiter der Caritas, die die hauptamtliche Flüchtlingssozialarbeit hier leisten, kommen mit einer Anfrage auf mich zu. Sehr häufig würden in den Beratungsgesprächen medizinische Fragen gestellt, insbesondere von Frauen. Die Gesundheit der Kinder, Impfungen, Schwangerschaft und Verhütung sind immer wieder Themen, die die geflüchteten Frauen sehr interessieren, aber mit ihrer detaillierten Beantwortung sind die Sozialarbeiterinnen überfordert.

Natürlich bin ich gern bereit, Antworten zu geben. Doch wie kann das am besten geschehen? Wie kann man mit dem geringsten Aufwand die meisten Leute erreichen? Die Caritas möchte ein Frauencafé ins Leben rufen, dessen Treffen jedes Mal unter einem anderen Motto steht. Wie wäre es, wenn das erste dieser Treffen sich gleich um eines der so oft angefragten Gesundheitsthemen dreht?

Gesagt – getan. Die Werbetrommel wird gerührt, Dolmetscherinnen werden engagiert, ich bereite eine kleine Präsentation zu Impfungen und Vorsorgeuntersuchungen für Kinder vor, an deren Anschluss Fragen gestellt werden können, besorge thematisch passendes, vertiefendes Material zum Mitgeben in verschiedenen Sprachen, und wenig später findet das von allen Seiten mit großer Spannung erwartete erste Treffen des neu ins Leben gerufenen Frauencafés statt.

Die Veranstaltung wird ein voller Erfolg. Es kommen mehr Frauen als erwartet, gebannt lauschen sie meinen Ausführungen, in der anschließenden Frage- und Gesprächsrunde entwickelt sich schnell eine gelöste und herzliche Atmosphäre. Alle haben profitiert, selbst die Dolmetscherinnen und das Team der Caritas meinten, sie hätten noch etwas aus meinen Ausführungen gelernt. Am Ende des Nachmittags sind sich alle Beteiligten einig, dass es unbedingt eine Wiederholung mit weiteren Themen rund um Gesundheit und Aufklärung geben soll. Schon beim Abschied machen wir den nächsten Termin und das neue Thema aus.

Bei diesem zweiten Treffen kommen noch mehr Frauen, die erste Veranstaltung hat sich positiv herumgesprochen.

Im Laufe der nächsten Monate erweitert sich das Themenspektrum mehr und mehr. Immer ist der Ablauf gleich – ich mache eine kurze, einführende Präsentation, verteile Informationsmaterial und stehe Rede und Antwort für alle allgemein interessierenden wie persönlichen Fragen. Bald erreichen mich Einladungen für Vorträge und Fragestunden auch aus anderen Orten des Landkreises, später sogar überregional. Manchmal muss ich ganz schön mit meinem Dienstplan und Terminkalender jonglieren, aber da der Bedarf offensichtlich groß ist, lehne ich keine Anfrage ab.

Stets müssen an diesen Nachmittagen die Männer draußen bleiben. So können wir spezifische Themen gut und offen von Frau zu Frau besprechen. Ich stelle dabei immer wieder fest, dass diese Frauen in der überragenden Mehrheit sehr bestimmt und selbstbewusst auftreten. Dem Klischee der zwangsverheirateten, unterdrückten Muslima, die keine eigene Meinung, keinen eigenen Willen und sich stets unterzuordnen hat, entsprechen sie nicht. Ich bestreite nicht, dass es das gibt, kennengelernt habe ich persönlich solche Frauen jedoch nie. Oder ob das nur daran liegt, dass jene solche Veranstaltungen nicht besuchen dürfen? Ich denke nicht.

Kennengelernt habe ich dabei allerdings eine ehemalige Patientin meines Krankenhauses, die mir die Frage stellte, ob man denn in Deutschland bestimmte Untersuchungen oder Behandlungen auch ablehnen darf. Ja, selbstverständlich darf man das! Wie es dann kommt, dass sie, obwohl sie es mehrfach abgelehnt hat, von der Frauenärztin eine Ultraschallsonde in ihre Vagina eingeführt bekam?

Tatsächlich? Ich kann das kaum glauben, denn jeder deutschen Patientin hätte man mit diesem Wunsch entsprochen. Ich frage noch einmal nach. Ja, sie hat den vaginalen Ultraschall abgelehnt, die Gynäkologin wäre aber sehr unfreundlich gewesen und hätte ihr aber mit den Worten: „Wir sind hier in Deutschland, hier untersucht man nun einmal so!" die Sonde trotzdem eingeführt.

Die Patientin war im Heimatland und auf der Flucht mehrfach vergewaltigt worden, auch mit Gegenständen, die jener Sonde ähneln. Das Kind in ihrem Bauch stammt von einem der Vergewaltiger. Die Patientin ist wegen dieser Erlebnisse psychisch schwer traumatisiert, aber sie erhielt bislang keine Behandlung. Jeden Tag muss sie an die schrecklichen Erlebnisse denken, sie kämpft hart, um langsam wieder ihr Gleichgewicht zu finden. Die gegen ihren Willen durchgeführte vaginale Untersuchung hat dieses nur mit viel Mühe errungene labile Gleichgewicht wieder komplett zerstört.

Sie ist wütend, traurig und vor allem sehr enttäuscht.

„Ich hätte niemals gedacht, dass mir so etwas in Deutschland passiert! Ich dachte, hier wird mir geholfen ..." erklärt sie mir bitter. Sie will auf keinen Fall noch einmal meine Klinik betreten, auch und erst recht nicht zur Geburt ihres Kindes.

Ich biete ihr an, sie in eine Traumatherapie zu vermitteln. Überrascht und ungläubig willigt sie ein.

Ich würde gerne wissen, wie sich die Geschichte von der anderen Seite anhört, und versuche deshalb, den Fall klinikintern neutral aufzuarbeiten, um meine Kollegen zukünftig für derartige Schicksale und Beweggründe zu sensibilisieren. Doch daran besteht kein Interesse. Ich werde abgewiegelt und beiße auf Granit. Alles, was ich dabei ernte, ist Unverständnis, Schulterzucken und ein: „Na und? Dann kommt'se halt nicht wieder!“.

Es interessiert einfach niemanden – weder mein Ansinnen, noch das Schicksal dieser Frau.

39 – Zala

Auf einem meiner Vorträge lerne ich Zala kennen. Sie ist noch sehr jung, fast noch ein Mädchen. Zala dolmetscht für mich. Dabei ist sie selber erst vor zwei Jahren nach Deutschland gekommen, als Flüchtling, wie all die anderen auch, aber sie macht ihre Sache ganz hervorragend.

Am Ende des Nachmittages fragt sie mich, ob ich sie mit dem Auto ein Stück mitnehmen kann. Auf der Fahrt erzählt sie mir sehr aufgeschlossen ihre gesamte Familien- und Fluchtgeschichte.

Sie äußert ihre Bewunderung darüber, dass ich Auto fahre – sie möchte auch unbedingt den Führerschein machen, in ihrer Heimat dürfen Mädchen noch nicht einmal Fahrrad fahren. Sie bewundert meinen Beruf – in ihrer Heimat dürfen die meisten Mädchen noch nicht einmal eine Schule besuchen, geschweige denn studieren. Sie selbst hatte ein fortschrittliches Elternhaus, fünf Jahre immerhin ging sie zur Schule, aber einen Beruf hat sie nicht. Sie würde so gern Kindergärtnerin werden und arbeiten gehen, aber bis es so weit ist, dauert es noch lange. Denn dafür braucht sie erst einmal einen Schulabschluss. Doch den will sie unbedingt nachholen. Zala ist intelligent und hat einen starken Willen. Ich traue ihr zu, dass sie ihre Ziele erreicht.

Zala erzählt mir auch, dass sie einen Bruder hat. Der ist schwer krank, er hat Krebs, und im ganzen Körper sitzen schon die Metastasen. Sie hatten gehofft, in Deutschland könnten sie beide ein neues Leben beginnen. Doch dann bekam ihr Bruder hier diese furchtbare Diagnose. Er erhält zwar eine Chemotherapie, aber die kann sein Leiden nicht mehr heilen, weil der Krebs schon überall ist, wie Zala es beschreibt. Sie hat viel über die Erkrankung ihres Bruders in Erfahrung gebracht und kennt sich gut damit aus. Wir unterhalten uns sachlich und ganz offen darüber, wie es um ihren Bruder steht.

Damit sind wir am Ziel. Wir verabschieden uns herzlich bis zum nächsten Mal – Zala wird noch viele meiner Vorträge dolmetschen.

Eines Tages eile ich in Gedanken durch das Foyer meiner Klinik, da ruft jemand meinen Namen. Ich drehe mich um und schaue suchend in die Richtung, aus der der Ruf kam. Das ist ja Zala! Freudig ändere ich meinen Weg, um sie zu begrüßen. Neben ihr steht ein Mann, den sie mir als ihren Bruder vorstellt. Erschrocken realisiere ich: Es ist Azad ... Ich erkenne ihn sofort, und auch er weiß unmittelbar, wer ich bin und freut sich sehr, mich wiederzusehen. Mich macht unser unverhofftes Wiedersehen jedoch sehr betroffen. Azad, dem ich in der allerletzten Ambulanzsprechstunde eine Magenspiegelung vorgeschlagen habe, ist also unheilbar an Krebs erkrankt. Ich wusste nicht, dass er eine Schwester hat, er kam immer allein. Und ich ahnte nicht, dass es sich bei Zalas Bruder, von dem sie mir zum ersten Mal im Auto und später noch so oft erzählt hat, um Azad handelt ...

Ich habe Azad ein halbes Jahr lang nicht gesehen. Das Tumorleiden steht ihm ins Gesicht geschrieben. Mich macht sein Anblick betroffen. Er versichert mir jedoch, dass es ihm gut geht. Er verträgt die Chemotherapie recht gut, hat keine Schmerzen, nur das Essen, das geht nach wie vor nicht gut.

Kurz nach dieser Begegnung wird Azad bei uns im Krankenhaus stationär aufgenommen. Er ist schon seit ein paar Tagen da, aber ich habe es erst heute von Zala erfahren. Sie hat den Notarzt gerufen, weil er es vor Schmerzen nicht mehr aushielt. Ich war heute bei ihm, am Vormittag alleine, am Nachmittag zusammen mit seiner Schwester. Azad hat über das ganze Gesicht gestrahlt, als ich durch die Tür trat, und sich aufrichtig über meinen Besuch gefreut. Es geht ihm schlecht, sehr schlecht. Morgen soll er entlassen werden, weil niemand mehr etwas für ihn tun kann. Er soll die verbleibende Zeit so gut wie möglich zu Hause verbringen.

Als ich sein Zimmer verlasse, folgt mir Zala. Sie möchte mit mir reden. Sie möchte, dass ich ihr sage, dass ihr Bruder wieder gesund wird. Doch ich kann und will Zala nicht belügen. Sie weint bitterlich, kuschelt sich an mich, stößt mich im nächsten Moment weg und geht, ohne sich noch einmal umzudrehen. Mir tut das in der Seele weh, ich will sie nicht alleine lassen, aber sie lehnt jede weitere Begleitung ab und will mit ihrem Bruder alleine sein. Ich fühle mich gerade ziemlich elend.

Ich habe schon oft solche Gespräche geführt, sehr oft. Auf einer Intensivstation ist auch der Tod immer ein Begleiter. Tief im Innersten etwas ausgemacht haben mir diese Gespräche nie. Aber da hatte ich immer das, was man "professionelle

Distanz" nennt, da war ich nur Ärztin. Bei Zala und Azad bin ich viel mehr. Arzt und mütterliche Freundin, Tröster und Überbringer schlechter Nachrichten, Helfer und Hilflose, alles in einem. Das überfordert mich ganz gewaltig ... Wenn nur einer käme und mir sagen würde, dass das alles nicht wahr ist! Aber kommen wird nur der Tod. Hoffentlich finden die beiden Geschwister ihren Frieden auf die letzten gemeinsamen Tage.

Die arme Zala. Sie hat schon so viel überstanden, so viel überwunden. Sie hat doch nur noch Azad! Wenn er auch geht, dann ist sie ganz alleine. Alleine in Deutschland und auf der Welt. Sie hatten doch so viel Hoffnung, dass hier alles besser wird. Warum ist Azad so krank? Warum muss er sterben? Und dann ist da auch noch die Angst - die Angst vor der Abschiebung. Wie könnte sie, Zala, allein als junge Frau, ohne Angehörige, in ihrem streng konservativ-islamischen Heimatland überleben? In ihrem Heimatland, in dem Frauen weder einen Mietvertrag für eine Wohnung abschließen noch arbeiten dürfen ohne männliche Erlaubnis? Eine Frau ohne männliche Begleitung ist dort vogelfrei - und völlig verloren.

Zu Azads Entlassung kommt es nicht mehr. In der Nacht hat sich sein Zustand rapide verschlechtert. Er erbricht ständig und hat Schmerzen, fürchterliche Schmerzen. Und dieser Durst! Zala ist es, die mir am nächsten Morgen einen verzweifelten Hilferuf sendet. Die Station, auf der Azad liegt, verständigt mich nicht. Ich eile hoch und werde komisch angeschaut. Azad liegt gekrümmt im Bett und bietet einen jämmerlichen Anblick. Zala fleht mich an, ihm zu helfen. Alles, was ich für ihn tun kann, ist, ihn von seinem Schmerzen zu befreien und dafür zu sorgen, dass er nicht mehr brechen muss und keinen Durst mehr hat. Aber das kann ich besser, wenn er auf einer meiner eigenen Stationen liegt.

Ich veranlasse seine sofortige Verlegung auf die IC-Station[11]. Dem Pflegepersonal kündige ich den Zugang an: Diagnose, Zustand und was sie vorbereiten sollen. Venenzugang, Infusion, Morphinpumpe, die anderen Medikamente. Betroffen über das junge Alter des Patienten und das Endstadium seiner Erkrankung wird alles vorbereitet.

„Wie heißt er denn eigentlich?", fragt die Schwester, die seine Pflege übernehmen wird. Ich nenne Azads vollen Namen.

Sie hält inne: „Der heißt wie?"

Ich wiederhole Azads Namen.

„Ach, das ist wohl so einer von deinen Flüchtlingen? Und für den betreiben wir jetzt so einen Aufwand?"

„Was spielt das für eine Rolle? Es ist ein Krebspatient, der eine vernünftige Schmerztherapie und Sterbebegleitung braucht!"

Ich habe keine Zeit, um mich weiter darüber aufzuregen. Azad wird gebracht, seine in Tränen aufgelöste Schwester hilft, sein Bett zu schieben. Noch einmal fleht mich Zala an, ihm zu helfen. Die Medikamente wirken rasch. Völlig erschöpft schläft Azad ein. Auch Zala geht nach Hause, als sie sicher ist, dass es ihm besser geht. Als ich später sein Zimmer betrete, ist Azad aufgewacht und strahlt mich an. Er ist jetzt völlig beschwerdefrei, keine Schmerzen, keine Übelkeit mehr. Aber Azad fühlt, dass er bald sterben wird. Lange sprechen wir miteinander.

Azad erzählt mir viel über seine Heimat. Aber seine große Sorge gilt Zala, die er bald allein zurücklassen wird. Die Kräfte schwinden. „Bitte pass‘ gut auf meine Schwester auf!“ Dieses Versprechen gebe ich ihm. Zala kommt wieder. Ich lasse die beiden jetzt allein. Als ich mich in den Feierabend verabschiede, ist Azad nicht mehr ansprechbar.

Abends bittet mich Zala noch einmal ins Krankenhaus. Sie ist nicht allein mit Azad. Viele Freunde haben sich um den Sterbenden versammelt. Männer und Frauen, die gesamte hiesige Gemeinde aus Landsleuten, so scheint es mir. Sehr höflich werde ich begrüßt und in ihre Mitte aufgenommen. Sie fragen mich, ob sie Azads Bett so stellen dürfen, dass er nach Mekka blicken kann und rezitieren unentwegt Koranverse. Azad liegt friedlich da und nimmt das alles nicht mehr wahr. Selten noch hebt und senkt sich seine Brust. Seine Hände sind eiskalt. Auch Zalas Versuche, sie in ihren zu wärmen, ändert daran nichts. Ich nehme Abschied von ihm. Still, auf meine Weise. Aus Respekt vor der fremden Kultur möchte ich danach den Raum verlassen und den Anwesenden die Möglichkeit geben, ihre

Riten ungestört zu vollenden. Aber sie hindern mich daran und fordern mich ausdrücklich auf, bei ihnen und dem sterbenden Azad zu bleiben. In dem Moment fühle ich mich diesen Menschen sehr, sehr nahe. Da ist so eine unglaubliche Nähe und Wärme, die nur Menschen ausstrahlen, die viel Leid erlebt haben. Diese Wärme verbindet, über alle Kontinente und Kulturen und Religionen hinweg. Bald darauf hebt sich Azads Brust zum allerletzten Mal ...

Azad hat alles verloren: Familie, Heimat, Materielles sowieso, und nun auch den Kampf gegen den Krebs. Zala bleibt allein zurück. Sie musste schon viele Familienmitglieder beisetzen. Mutter, Vater, Geschwister, und nun auch noch ihren letzten Bruder.

Herrn Rahimi begegne ich manchmal in der Flüchtlingsambulanz, später zufällig noch einmal auf dem Amt. Er hat seine Traumatherapie beendet und einen positiven Asylbescheid erhalten. Er möchte gern arbeiten, findet aber keinen Job. Mit seinen verstümmelten Händen kann er ja auch nicht alles machen. Manchmal hilft er in der Imbissbude eines Landsmannes aus. Insgesamt geht es ihm nach eigenen Angaben recht gut.

Herrn Khalil habe ich aus den Augen verloren. Ich habe nichts mehr von ihm gehört, seit er das Hotel verlassen hat.

Die meisten Bewohner der Übergangseinrichtung in der Perlacher Straße sind nicht mehr da. Einige wurden umverteilt, andere sind zu Verwandten gezogen, manche abgeschoben, zwei freiwillig in die Heimat zurückgekehrt. Und ein paar sind auch untergetaucht. Manche melden sich noch mehr oder weniger regelmäßig bei mir und betonen dabei jedes Mal, wie schön doch die Zeit in der Perlacher Straße war. Bei der Stadt gibt es Pläne, die Einrichtung zu schließen.

Die junge Schwangere, die im Krankenhaus gegen ihren Willen vaginal untersucht wurde, hat das Kind ihres Vergewaltigers inzwischen geboren und wird jetzt in der universitären Traumaambulanz behandelt – derselben, in der auch Herr Rahimi seine Therapie erhalten und erfolgreich abgeschlossen hat.

Karim hat einen neuen Ausbildungsvertrag bekommen und wird nun Physiotherapeut. Er ist mit großer Begeisterung bei der Sache und hat bisher nicht die Probleme, die er in seiner früheren Ausbildungsstelle hatte. Da er sehr schüchtern ist und es ihm nach wie vor schwerfällt, von sich aus auf andere zuzugehen und noch mehr, um Hilfe zu bitten, melde ich mich regelmäßig bei ihm. Ich frage nach und biete an. Karim ist dafür sehr dankbar. Allein die Möglichkeit, Unterstützung bekommen zu können, sorgt dafür, dass er im Moment gar keine braucht.

Zala hat den Tod ihres Bruders gut verarbeitet. Sie hat einen jungen Mann kennen und lieben gelernt. Sie genießt diese Freiheit, die sie in ihrer Heimat niemals hätte. Sie holt derzeit ihren Realschulabschluss nach und hält nach wie vor an ihrem Berufswunsch Erzieherin fest. Zala verdient sich etwas Geld mit Dolmetschen und Übersetzungen von Flyern und Broschüren. Ihr Aufenthaltsstatus ist nach wie vor nicht gesichert.

Am meisten aber freue ich mich über Faris. Bezeichnenderweise kommt es nach der Krise und unserem klärenden Gespräch sehr lange zu keinem Asthmaanfall. Er hat sich langsam, ganz langsam wieder stabilisiert. Da er inzwischen länger als fünfzehn Monate in Deutschland lebt, hat er Anspruch auf eine reguläre Krankenversicherung. Seitdem ist die Versorgung mit seinen lebensnotwendigen Medikamenten kein Problem mehr. Faris sucht nach wie vor seinen Psychotherapeuten auf und nimmt mittlerweile auch freiwillig an einen Integrationskurs teil. Er hat großes Glück, diesen belegen zu dürfen, denn über seinen Asylantrag wurde auch mehr als zwei Jahre nach seiner Ankunft in Deutschland nicht entschieden. Faris macht sich große Hoffnung auf einen positiven Bescheid und sieht seine Zukunft hier. Noch darf er nicht arbeiten gehen, aber er tut es trotzdem. Er hat sich um Aufnahme in einen lokalen Fußballverein bemüht, an dessen Trainings er nun regelmäßig teilnimmt. Das hat einen sehr positiven Einfluss auf seine körperliche Belastbarkeit, und die Sozialkontakte tun im gut. Unser Kontakt ist sehr viel lockerer geworden, Faris braucht meine Hilfe immer weniger und kommt inzwischen auch gut allein zurecht.

Diese Selbstständigkeit und dass ich nicht mehr in dem Maße gebraucht werde, ist mein größtes Lob und die beste Anerkennung. Denn ich habe damit erreicht, was ich erreichen wollte, nämlich neben dem rein Ärztlichen meine Schützlinge in die Lage zu versetzen, in Deutschland anzukommen, das hiesige Leben zu verstehen, eigenverantwortlich zu handeln und sich integrieren zu können. Hilfe zur Selbsthilfe war und ist stets meine Prämisse. Aber wenn Unterstützung nötig ist, dann muss sie da sein – prompt, niederschwellig, verlässlich und bedingungslos.

42 – Eine ganz persönliche Bilanz

„Hast du denn keine Angst?“, werde ich oft gefragt.

Doch, natürlich!

Angst macht mir der Hitlergruß auf dem Hof von Felix‘ Schule. Angst macht mir der Hitlergruß im Krankenhaus und die Ignoranz des Problems bis in höchste Führungsebenen.

Angst macht mir, dass Personal in Anwesenheit unseres syrischen Kollegen über den Krieg in seiner Heimat spottet.

Angst machen mir der weitreichende Verlust von Empathiefähigkeit und die fehlende Bereitschaft zum Perspektivwechsel.

Angst macht mir die „Deutsche-zuerst-Mentalität“. Gesundheit ist eines der grundlegendsten Menschenrechte überhaupt. Jeder Mensch hat Anspruch auf eine angemessene medizinische Behandlung.

Angst machen mir Fanatismus, Terror, Vorurteile und Pauschalisierungen – ganz gleich aus welcher Richtung.

Angst macht mir das undifferenzierte Gleichsetzen von Islam und Islamismus.

Angst macht mir der Islamismus, nicht der Islam.

Angst machen mir Terroristen, nicht Muslime.

Angst machen mir rasierte Glatzen, tätowierte rechtsradikale Symbole und Springerstiefel: auf jeden Fall ein Grund, die Straßenseite zu wechseln.

Angst macht mir die AfD und ihr Einzug in den Bundestag.

Angst machen mir Rassismus, Hass und Intoleranz.

Angst machen mir Anschläge auf Flüchtlingsunterkünfte und linke Politiker.

Angst machen mir zerstochene Autoreifen und Hakenkreuze an den Häusern von Flüchtlingshelfern. Bin ich die Nächste? Wann bin ich dran?

Angst habe ich vor einer Wiederholung der Geschichte.

Angst habe ich vor dem Verlust von Menschlichkeit und Meinungsfreiheit.

Angst macht mir, wenn es besser ist, unerkannt zu bleiben. Angst macht mir, wenn es sinnvoller ist zu schweigen, wo reden besser wäre. Lieber unerkannt bleiben und schweigen, weil ich oder meine Familie andernfalls Drohungen und Nachteile befürchten müssen.

„Warum machst du das eigentlich?“

Ich hatte kurzzeitig den Gedanken, Sachsen zu verlassen, weil ich glaubte, das alles nicht ertragen zu können. Weil ich meinte, es nicht verantworten zu können, mein Kind in einem Klima des Hasses und der Intoleranz aufwachsen zu lassen. Doch diesen Gedanken habe ich wieder verworfen, um Felix das Gegenteil vorzuleben. Um ihm zu zeigen, dass es auch anders geht. Um ihm vorzumachen, dass es sehr lohnenswert sein kann, nicht zur vermeintlichen Mehrheit zu gehören. Um ihm vorzuleben, dass man etwas bewirken und verändern kann. Nicht die ganze Welt, aber sein kleines, privates Umfeld. Um Felix zu zeigen, dass es manchmal zwar besser ist zu schweigen, sich aber trotzdem klar zu positionieren – mit Taten.

Ich mache das, weil ich mich nur meinem Wissen und Gewissen unterworfen fühle. Weil für mich jeder Mensch gleich ist und ich den Hippokratischen Eid wörtlich nehme: „Ich werde mich in meinen ärztlichen Pflichten meinem Patienten gegenüber nicht beeinflussen lassen durch Alter, Krankheit oder Behinderung, Glaubensbekenntnis, ethnische Herkunft, Geschlecht, Nationalität, politische Zugehörigkeit, ‚Rasse', sexuelle Orientierung, soziale Stellung oder andere Faktoren."[12] Und: „Ich werde mein medizinisches Wissen nicht dazu verwenden, Menschenrechte und bürgerliche Freiheiten zu verletzen, selbst unter Bedrohung".[13]

Ich mache das, weil ich nicht zu denjenigen gehöre, die für sich proklamieren, „das Volk" zu sein. Ihr, die ihr das ruft: Wie könnt ihr euch anmaßen, für alle zu sprechen?

Ich mache das, weil es mir eine große Freude ist, Einblicke in andere Kulturen und Lebenswelten zu erhalten, weil ich den Blick über den Tellerrand genieße, weil ich viel lernen kann über mich und andere. Wie ginge das besser, als im direkten Kontakt zu den Menschen?

Ich mache das, weil mir diese Arbeit eine große Bereicherung und Freude ist.

Ich mache das, weil die Welt ein Geben und Nehmen ist, weil sich Hilfsbereitschaft auszahlt: Als ich krank wurde und ein paar Wochen ausfiel, entbrannte unter den Bewohnern der Perlacher Straße ein Streit darüber, wer mir wann, wie und in welcher Weise helfen kann. Die Jungs haben sich allen Ernstes gestritten, wer als Nächstes an der Reihe ist, mir die Taschen hochzutragen! Sie wollten mich sogar zu meinen Behandlungsterminen begleiten, und mindestens dreimal am Tag hat sich jemand erkundigt, wie es mir geht und ob er irgendetwas für mich tun kann.

Ich mache das, weil die Dankbarkeit groß ist. Azads Begleiter an seinem Sterbebett waren mir überaus dankbar dafür, dass ich in seinem Tod ihre Rituale respektiert und ihre Wünsche erfüllt habe, und ich bin ihnen ebenso dankbar dafür, dass ich Azad ebenfalls begleiten durfte. Ich, als Nicht-Muslima.

Ich mache das, weil ich von denen, die ich unterstütze, tiefen Respekt und große Achtung erfahre. Ich habe nie das erlebt, was man gemeinhin „dem“ Islam Frauen gegenüber unterstellt. Vielleicht ist das ja nur ein Zufall, wer weiß …?

„Würdest du es wieder tun?“

Ja, immer wieder, weil mein Handeln meiner tiefsten Überzeugung entspringt und meiner inneren Berufung entspricht.

„In Deutschland ist alles gut, aber in Deutschland ist auch alles anders! Es ist alles anders, alles so grün, es gibt so viele Bäume in Deutschland, und auch der Himmel ist hier anders blau ...“

„Kalt sind die Menschen in Deutschland. Die Menschen hier denken nur ans Geld. Sie sehen nichts um sich herum.“

„Ich mache nur, was du sagst. Egal was, zuerst frage ich dich. Du bist klug und weise. Ich weiß, dass das, was du mir rätst, gut für mich ist.“

„Sie sind meine Schwester. Sie sind eine von uns. Wirklich, ich fühle es, Sie sind meine Schwester, Sie gehören zu uns. Tausend Dank!“

„Mir ist in Europa noch nie jemand wie Sie begegnet.“

„Natürlich habe ich Probleme, große Probleme. Aber ich bin doch nur ein Flüchtling ...“

„Bitte, bitte, lass' mich nicht allein. Ich hab' doch hier niemanden ... Du bist doch alles, was ich hier habe ...“

„Ich habe einen neuen Zimmergenossen bekommen. Stell' dir vor – der betet sogar fünf Mal am Tag!“

„Danke, dass Sie mir helfen. Ich weiß nicht, was hier alleine aus mir werden würde."

„Was ist das für eine Welt, in der man Gewalt offen zeigen kann, aber Liebe verstecken muss?"

Angesichts eines beinahe verpassten wichtigen Termins, dessen Einhaltung ich gerade noch durchsetzen konnte:

„Was würdest du nur machen, wenn du mich nicht hättest?"

Ehrliche Antwort mit einem Seufzer aus tiefsten Herzen:

„Das weiß ich auch nicht ..."

„Bei dir fühle ich mich frei und sicher und kann mal für ein paar Stunden vergessen ..."

„Weißt du, diese Leute, die so etwas machen wie in Paris oder Brüssel, das sind keine Muslime. Das sind keine Muslime! Die missbrauchen unsere Religion für ihre Zwecke. Unser Prophet sagt: 'Vergeude kein Wasser, vergieße kein Blut!' Wenn das wirklich Muslime wären, dann würden sie sich daran halten.

Das eigentliche Problem damit, das habt nicht ihr, sondern Leute wie ich. 'Alle Muslime sind schlecht', davor habe ich Angst! Ich habe doppelt Angst: vor dem Rassismus der Deutschen und vor den Terroranschlägen der Islamisten. Der Rassismus ist in Deutschland weit verbreitet. Die Deutschen unterscheiden nicht zwischen Nationalitäten und schon gar nicht zwischen einzelnen Menschen.

Ich sitze in meinem Zimmer, ich gehe nicht unnötig raus, denn ich will nicht auffallen. Wenn ich rausgehe und mir jemand ins Gesicht sieht, dann weiß doch jeder sofort, dass ich nicht von hier bin."

„Weißt du eigentlich, wie schwer das ist, in einer anderen Kultur aufzugehen? Ich erlebe hier viele Dinge, die ich nie vorher erlebt habe. Ich habe doch auch kaum Kontakte. Zu Hause hatte ich viele Kontakte, aber hier? Ich versuche, mich anzupassen, ich habe mich schon sehr verändert. Zu Hause würde ich in vielen Situationen völlig anders reagieren ..."

„Warst du je in der Situation, dich in einer fremden Sprache in einem fremden Land in einer fremden Kultur allein im Alltag zurechtfinden zu müssen?"

Zur Situation in einem Übergangswohnheim:

„Es gibt hier kein interreligiöses Problem. Es gibt ein Problem mit Alkohol, es gibt ein Problem mit Langeweile, es gibt hier draußen ein Problem mit Rassismus - aber es gibt kein Problem zwischen Christen und Muslimen."

„Heute in der Straßenbahn, da hat mich jemand angelächelt! Wirklich! Das ist das erste Mal, seit ich hier bin ..." *[14 Monate]*

„Du bist nicht wie eine Europäerin, denn du hast noch Gefühle."

„Ich brauche dringend Hilfe. Aber ich habe gar keine Hilfe verdient ..."

„Wissen Sie, niemand hat mir je so geholfen wie Sie. Wenn ich hierbleiben kann, wenn ich mich etabliert habe, wenn ich richtig gut Deutsch kann, dann werde ich Ihnen alles wiedergeben, was Sie mir gegeben haben, das verspreche ich Ihnen!"

Mit einer Gruppe von Flüchtlingen in der Straßenbahn auf dem Weg zu einer Behörde:

„Merkst du denn nicht, wie die *[anderen Fahrgäste]* uns anstarren?"

„Doch, natürlich merke ich das ..."

„Stört dich das nicht?"

„Nein, das stört mich nicht."

„Dir macht es also nichts aus, mit uns unterwegs zu sein ...?"

„Nein, mir macht das nichts aus!"

„Wirklich nicht? Wie wollen aber nicht, dass du wegen uns Probleme bekommst ...!"

„Ich fühle mich hier *[in der Flüchtlingsambulanz]* zum ersten Mal ernstgenommen und nicht als Nummer oder Antragsteller."

„Caritas? Die brauche ich nicht, ich hab doch dich!"

„Meine Liebe, du bist meine Schwester."

Auf einer Infoveranstaltung über Gesundheitsthemen, alle anwesenden Flüchtlinge waren seit mindestens neun Monaten in Deutschland:

„Warum hat mir das denn bis jetzt noch niemand gesagt? Wenn ich das eher gewusst hätte, dann wäre alles viel einfacher gewesen."

„Das Kopftuch gibt mir Freiheiten, die ich ohne es nicht hätte.

Weißt du, es gibt bei euch Frauen, die gehen nicht ungeschminkt auf die Straße, weil sie sich sonst unwohl und nackt fühlen. Genauso unwohl und nackt fühle ich mich, wenn ich ohne Kopftuch rausgehe. Ohne Kopftuch habe ich das Gefühl, dass ich beobachtet werde, ich habe das Gefühl, mich verstecken zu müssen. Mit kann ich durch die Straßen oder Läden bummeln, mich in ein Café setzen, alles machen, ohne mich schlecht zu fühlen. Das Kopftuch gibt mir Stärke und Selbstvertrauen.

Ich verstehe nicht, warum man über ein Kopftuchverbot diskutiert. Damit würde mir mein Selbstbewusstsein genommen und meine Freiheiten beschnitten. Wenn ich keins mehr tragen dürfte, *dann* würde ich mich unterdrückt fühlen!"

Danksagung

Ich danke meiner Familie, insbesondere Alexander, für ihr großes Verständnis und die Akzeptanz meiner Aktivitäten.

Ich danke Uwe für unsere vielen tiefsinnigen und wertschätzendenden Gespräche, für seine Ideen, Gedanken und Reflexionen sowie für das Gegenlesen des Manuskripts.

Ich danke Anett, Darina, Daniela, Eike, Julia, Sebastian, Stefan und Steffi, die sich mit mir in ihrer Freizeit in die Sprechstunden in der Erstaufnahme geteilt haben, für ihren selbstlosen und zuverlässigen Einsatz.

Ich danke dem Team der Erstaufnahmeeinrichtung für die hervorragende Kooperation und die unbürokratische Unterstützung bei der Umsetzung meiner Pläne sowie den hauptamtlichen Flüchtlingssozialarbeitern der Caritas für unsere stets unkomplizierte und vertrauensvolle Zusammenarbeit.

Ich danke dem Verein „Medikamente für Menschen in Not e. V." für die zuverlässige Belieferung mit Arznei- und Verbandsmitteln, meinem Arbeitgeber für die Bereitstellung von Diagnostika, Sterilgut und Verbrauchsmaterialien sowie allen anderen Spendern für jedwede Art der Zuwendung.

Ich danke Ahmed, Fatima, Hadi, Hamid, Hasani, Intissar, Khaled, Muhammad, Najila, Ramez, Rasha, Sam, Shabaz, Usman, Wais und Younes stellvertretend für alle Menschen, die ich ein Stück ihres Weges begleiten durfte, für den Respekt und die Achtung, die sie mir stets entgegengebracht haben, sowie für all die bewegenden Momente, die wir teilten und die mir für immer in Erinnerung bleiben werden.

Glossar

[1] (S. 12) Medinetze sind spendenbasierte Organisationen aus Ehrenamtlichen, die Menschen ohne Aufenthalt, Wohnung, Einkommen oder anderen sozialen Benachteiligungen medizinisch versorgen.

[2] (S. 15) Kollektivismus ist ein Gesellschaftssystem, in dem die Belange der Gruppe über denen des Individuums stehen. Das Wohlergehen der Gemeinschaft hat oberste Priorität, die Interessen des Einzelnen werden dem stets untergeordnet. Siehe auch Kapitel 31.

[3] (S. 24) Der International Council of Nurses (ICN, www.icn.ch), ist ein Zusammenschluss von ca. 130 nationalen Berufsverbänden der Pflege. Sein Ethik-Kodex ist das Pendant zur Genfer Deklaration des Weltärztebundes, der heute gültigen Fassung des „Hippokratischen Eides“ der Ärzte.

[4] Flashback (S. 30): Plötzliches und unwillkürliches Wiedererleben früherer Ereignisse oder Gefühle; oft ausgelöst durch einen Schlüsselreiz und so stark, als ob das Ereignis erneut stattfindet.

[5] BAMF (S. 48): Bundesamt für Migration und Flüchtlinge.

[6] (S. 97) Nach Michael Schönhuth (www.kulturglossar.de): „Ethische Leitlinien der Arbeitsgemeinschaft Entwicklungsethnologie“.

[7] (S. 107) Fünf Ärztinnen und zwei Ärzte, der besseren Lesbarkeit wegen wird nur die männliche Form verwendet.

[8] Compliance (S. 115): Mitarbeit des Patienten; seine Bereitschaft, ärztliche Anweisungen zu befolgen.

[9] Pulmologe (S. 136): Lungenfacharzt.

[10] (S. 138) Übliche Abkürzung für Rettungswagen (RTW) und Notarzteinsatzfahrzeug (NEF).

[11] IC-Station (S. 216): Intermediate Care Station, ein Zwischending zwischen Intensiv- und normaler Krankenstation.

[12/13] (S. 224) Aus der Genfer Deklaration des Weltärztebundes, der modernen Fassung des „Hippokratischen Eides“.

www.cornelia-duerkhauser.de
www.medizin-fuer-fluechtlinge-freital.de